AI自治体

公務員の仕事と行政サービスはこう変わる！

井熊 均・井上岳一・木通秀樹［著］

学陽書房

はじめに

　新聞紙上に AI という言葉が載らない日はない、と言っていいほど AI への注目が高まっている。これまで何度かの AI ブームがあったが、今回の注目もバブルで終わることになるのだろうか。その答えはイエスでもありノーでもある。

　イエスの部分について言えば、世界的な金余りの中で投資資金が先進的な技術やベンチャーを探しており、AI が格好のターゲットになっている。好調さを維持し続けている世界経済がある程度鎮静化すれば、バブっていた投資資金やそれを煽り立てていたムードはなくなる。

　ノーの面について言えば、まず技術的な裏付けがある。本書でも述べているように、昨今注目されている AI 技術のほとんどは過去からの研究開発の流れの中にある。そのリアリティを高めたのはコンピュータの飛躍的な進歩である。もう一つは、社会に受け入れられる価格で AI を搭載した商品を市場投入できるだけ、IT 産業の裾野が広がってきたことである。社会的なニーズもある。人手不足は先進国から新興国にも広がり、経営側でも現場でも省力化が求められるようになっている。また、インターネット上のサービスやスマートフォンの普及でコンピュータによるサービスへのアレルギーがなくなった。

　これらを合わせると、昨今の AI ブーム、無理をして尖った一部分はなくなるだろうが、かなりの部分が世の中に浸透していくと考えられる。その時、AI の普及が期待される分野の一つが自治体業務である。技術面では現在でも実装可能なシステムで解決できる業務が多い。自治体経営の面で見ると、苦しい財政状況の中で効率化が不可避になっている、熟練の職員の大量退職が迫り彼らのノウハウ継承のための具体的な手段が求められている、民

はじめに　3

間との人材獲得競争が厳しい、高齢化やグローバル化などでキメの細かい対応に人手を割けなくなっている、等々 AI を歓迎する理由が多い。

　本書はこうした理解に基づき、自治体業務への AI 導入の可能性と影響について論じている。第 1 章では AI の基本的な構造とこれまでの政策の流れを整理した。その上で、第 2 章では AI 導入に向けた先行的実証や検討の事例をまとめ、第 3 章では自治体の主要な業務への AI の導入可能性と影響を検討した。さらに、第 4 章ではいくつかの業務を分析することにより、自治体の中でどのような仕事が減り、どのような仕事が増えるかを検討した。以上を踏まえ、第 5 章では技術、制度、仕事等の面から AI 時代への対処を述べている。本書が自治体への AI 導入と AI 時代における働き方や自治体経営の検討の一助となることがあれば筆者として大きな喜びである。

　本書は企画段階から学陽書房の川原正信氏にお世話になった。川原氏とは PFI 導入期の頃から 20 年近いお付き合いである。日頃のご支援に対して心より御礼申し上げる。本書は、株式会社日本総合研究所創発戦略センターの井上岳一さん、木通秀樹さんとの共同執筆である。多忙の中、様々な検討、執筆に当たっていただいたことに感謝申し上げる。最後に、筆者の日頃の活動にご支援をいただいている株式会社日本総合研究所に深く御礼申し上げる。

　2018年　晩秋

井熊　均

AI自治体 ■ 目次

第 1 章 AI自治体の時代

1 2017年、AI元年 ··· 12
- 脚光浴びる AI　12
- AI ブームの歴史　13
- ディープラーニングの開花　14
- クラウドコンピューティングと GPU が商品化を促す　16

2 国を挙げての AI 戦略（Society 5.0） ····························· 18
- AI、IoT が成長戦略の中核　18
- 欧米に対抗する Society5.0　19

3 内閣府「人工知能技術戦略会議」の狙い ····················· 23
- Society5.0を実現する人工知能技術戦略　23

4 ここまできた民間企業の AI 活用 ································· 28
- AI 導入が進む3分野　28

5 電子政府の取り組みを振り返る ································· 32
- 四半世紀に及ぶ電子政府の政策　32
- e-Japan から i-Japan へ　34
- 成果を上げた電子政府の政策　35
- 電子政府政策の積み残し　36
- 求められる業務改革　37

第 2 章 進む実証実験と実用化

1 住民からの問い合わせ対応への AI 導入 ····················· 40
- 板ばさみ状態を解消する CRM　40
- 顧客対応への IT 導入の成果　42

5

- ■ 川崎市の取り組み　44
- ■ 住民サービスの向上と自治体の体制整備　47

2　特定分野（納税、廃棄物収集）における住民対応への AI 導入 ⋯⋯⋯⋯⋯⋯⋯⋯⋯49

- ■ AI 導入の二つのアプローチ　49
- ■ 横浜市におけるごみ分別案内への AI 導入　50
- ■ 東京都における納税者向けサービスへの AI 導入　53
- ■ 確実な成果とさらなる広がり　54

3　保育所利用のための最適マッチング ⋯⋯⋯⋯⋯⋯⋯⋯⋯⋯⋯56

- ■ もう一つの待機児童対策　56
- ■ さいたま市における導入事例　58
- ■ 札幌市の取り組み　60
- ■ 期待できる大きな効果と AI だけでは解決できない問題　60

4　戸籍業務に AI を活用 ⋯⋯⋯⋯⋯⋯⋯⋯⋯⋯⋯⋯⋯⋯⋯⋯⋯⋯⋯62

- ■ 専門性の高い分野への適用　62
- ■ 大阪市の戸籍業務への AI 導入の例　63
- ■ 効果を発揮する知見の蓄積と学習期間の必要性　64

5　渋滞緩和に AI 導入 ⋯⋯⋯⋯⋯⋯⋯⋯⋯⋯⋯⋯⋯⋯⋯⋯⋯⋯⋯⋯65

- ■ 先進的な交通システムをさらに向上させる　65
- ■ AI を使った渋滞緩和策の先進事例（軽井沢町・京都市）　66
- ■ 注目を集める技術革新と課題　68

6　I ターンに AI を活用 ⋯⋯⋯⋯⋯⋯⋯⋯⋯⋯⋯⋯⋯⋯⋯⋯⋯⋯⋯72

- ■ 困難なマッチングを容易にする　72
- ■ 福岡県糸島市の移住支援への AI 活用　73
- ■ いろいろな分野への展開と AI の構築期間　74

第3章 AI化される自治体業務

1 定型的な事務業務——RPA の普及で効率化進む·············78
- オフィスワークの生産性向上で注目される RPA　78
- RPA で自動化できる自治体業務　80
- RPA 導入の効果　83

2 税務——自動応答から資産評価まで·······························85
- 税務分野で活用の始まった AI　85
- AI を活用できる自治体税務業務　86
- AI 活用がもたらす効果　89

3 財務——財務書類の作成から自治体経営の
パートナーまで···91
- 財務・会計分野で進む AI 化　91
- 自治体財務における AI 活用の可能性　93
- AI 活用がもたらす効果　95

4 法制執務——例規の審査と策定から法律相談・
訴訟対応まで···98
- 法律事務所で進む AI 活用　98
- 自治体法制実務における AI 活用の可能性　100
- AI 活用がもたらす効果　104

5 地方議員の仕事も変わる——市民との政策議論が
活発化し、議会本来の機能が発揮される··················106
- 地方議会を巡る課題　106
- 地方議会における AI 活用の可能性　108
- AI 活用の効果　110

6 ビッグデータと政策立案——データに基づく政策立案と評価 112
- 求められる EBPM（Evidence Based Policy Making）への対応　112
- 自治体と EBPM　114
- EBPM に取り組むには　116

第4章　公務員の働き方はどう変わるか

1 AI の仕事への影響の捉え方 120
- AI への不安　120
- 本格導入までには時間がかかる AI　121

2 AI 導入後の業務プロセス 123
- AI 導入後の業務プロセス検討事例①
  〜住民からの問い合わせに関する業務　123
- AI 導入後の業務プロセス検討事例②
  〜保育所のマッチング業務　125
- AI 導入後の業務プロセス検討事例③
  〜財務業務　127
- AI 導入後の業務プロセス検討事例④
  〜水道の維持管理業務　128

3 AI 導入で減る仕事と増える仕事 132
- 減る仕事と増える仕事の仕分け　132
- AI 導入で減る五つの仕事　133
- AI 導入で増える10の仕事　135

4 AI 導入で自治体の仕事はこう変わる 144
- 自治体職員の仕事は楽になるのか　144
- やりがいが増える自治体の職場　146

8

第5章 AIと行政サービス／自治体

1 AIの判断は本当に最適解か──AIの判断と人間の判断の折り合い················150
- AIの三つの領域 150
- 組み合わせで作られるAIの機能 152
- 学習に依存するAI 153
- ブラックボックス化するディープラーニング 154

2 AIに任せ過ぎていいのか──AIの進化を前提とした能力開発を·········157
- AIの進化を支えたネットワークコンピューティング 157
- 新技術に不安は付きもの 158
- AIと人間の仕分け 159

3 AIと法令・例規は整合するか──AIで公平性・信頼性を高める·········161
- AIはこの世で最も遵法的な存在 161
- AIが突く矛盾に向き合う 162
- 無垢な存在であるAIは、自治体を映す鏡 163

4 将来の自治体業務················165
- コンピュータが代替する仕事 165
- AI徹底導入による究極の姿 168
- 行き過ぎた技術優先がもたらす矛盾 169
- 自治体とは何か 171

第1章

AI自治体の時代

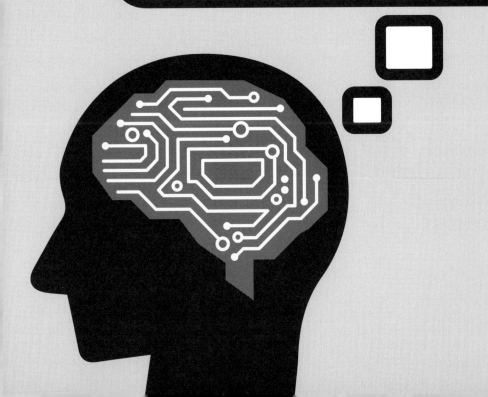

1 2017年、AI元年

■脚光浴びる AI

　2015年、囲碁シミュレータのアルファー碁（AlphaGo）がプロの囲碁棋士を倒したことで AI（Artificial Intelligence：人工知能）は一躍脚光を浴びることになった。その後 2 年ほどで、個人の嗜好を学習したターゲティング広告、AI スピーカーなど、AI を活用したアプリケーションが我々の生活に急速に入り込んでいる。2017年は、AI を活用したアプリケーションやツールが実用レベルに達し普及が加速したことで、AI 元年と呼ばれるようになった。

　ターゲティング広告では、ユーザーがどの広告に関心を持つかを AI が予測して、確度が高いと判断したら枠を競り落として広告を表示する。そのためにかかる時間は0.1秒程度だ。WEB 広告の世界ではこうした学習・認識機能が驚くべき速さで進化している。

　AI スピーカーや AI アシスタントなどの対話機能も自然で違和感のないものになってきた。2011年に Apple が iPhone に初めて AI アシスタント：Siri を搭載し、翌年には日本語対応のサービスも始まった。その後、2014年には Amazon が Alexa を、2016年には Google が Google アシスタントを市場投入した。始めは認識能力が低く、あまり利用されなかったが、最も遅れてサービス提供を開始した Google アシスタントが Siri の 2 倍近い80％程度の認識率を実現して使いやすさを高め、ラインナップを拡大したことで普及にはずみがついた。以降、市場は毎年 2 倍近い成長を続けており2018年度の出荷台数は世界で 1 億台に達する見通しだ。

12

こうした背景には、ディープラーニング（機械が自動的にデータから特徴を抽出し、パターン認識できるように設計された、人間の脳神経回路をモデルに用いた学習で、4層以上の構造になっているもの）により自律的に学習できるAIのアルゴリズム（問題を解くための手順を定式化した形で表現したもの）が開発されたことがある。

■ AIブームの歴史

　AIはこれまで何度か注目された時期があった。

　1950年代後半〜60年代の第1次AIブームでは、単純計算だけでなく、幾何学などの数学問題を解く探索プログラム、対話のルールを覚えるだけで人間と間違えるほどの会話をこなす対話プログラムなどが主役となった。しかし、研究の域を出ないものが多くブームは去った。

　1980年代〜90年代前半の第2次AIブームでは、AIはエキスパートシステム（専門家のノウハウをルール化したプログラムをもとに動作するコンピュータシステム）として実用化の段階に入った。知識をルール化する手法が開発され、設計支援、故障診断、経理処理など様々な分野で実用化が進み、大手企業を中心に普及した。しかし、ルールやデータの入力に膨大な手間がかかるため一過性のブームに終わった。その後、ルールを自動生成するブレークスルー技術であるディープラーニングが登場するまで、ルール化のアプローチが注目されることはなかった。

　エキスパートシステムのブームの背後で、現在のAIの発展を支えているニューラルネットワーク（人間の脳神経系のニューロンを数理モデル化して組み合わせた情報処理手法）の開発が進み、ブレークスルーを生む各種の機械学習の手法が登場した。1990年代にはニューラルネットワークを用いた画像認識の学習方法や、自

第1章　AI自治体の時代　13

図表1-1　AIの歴史

1950年　1960年　1970年　1980年　1990年　2000年　2010年

ルールベースアプローチ

【第1次AIブーム】数学問題を解く探索プログラム、対話のルールを覚えるプログラムなどが主役。研究的アプローチ。

AI冬の時代

【第2次AIブーム】知識をルール化するエキスパートシステムによる故障診断、経理処理などが主役。大手企業へ普及。

AI冬の時代

ニューラルネットワークアプローチ

パーセプトロンなどのモデルが開発。

バックプロパゲーション、ネオコグニトロン、ボルツマンマシンなどが開発。

画像認識の学習方法、自律学習ロボットなど多数開発された。2006年にはディープラーニングが開発された。

【第3次AIブーム】ディープラーニングにより、画像認識、物体認識、アルファー碁、など特徴を人手を介さずに学習する手法が進化。多くの産業へ普及。

出所：著者作成

律的に学習するロボットなど画期的な技術が開発され、2006年にはディープラーニングによる学習則が登場した。しかし、実用化されることはなかった。学習に膨大な時間がかかり、人間の作業を凌駕するほどの性能に至らなかったからだ。

■ディープラーニングの開花

ディープラーニングの技術が開発されてから6年後の2012年、画期的な成果が続々と登場するようになった。一つのトピックは物体認識の競技会ILSVRC（ImageNet Large Scale Visual Recognition Challenge）で写真データに写っている物体を特定する人工知能を構成したコンピュータが、人の認識率で人間を上回ったことだ。もう一つは、「Googleの猫」と呼ばれる画像認識技術だ。大規模ニューラルネットワークにより構築された

Googleの人工知能が、YouTubeの動画群を自己学習することで、猫の顔を認識できるようになったと報道されたのである。これらの技術が画期的なのは、従来人の手で各種データの特徴を抽出していた前処理作業を必要としなくなった点である。「Googleの猫」では、自動的に輪郭を抽出して猫や犬を認識できるようになり、AIの新たな発展が始まった。

　例えば、従来の音楽のレコメンド機能（利用者の好みにあった物品やサービスを推薦する手法）は、同じような曲を聴く人の傾向をルール化して他の人に薦めていたため、次第にマンネリ化してくるという課題があった。そこにディープラーニングが組み込まれると、曲の特徴を自律的に分析して傾向を摑むことで、異なるジャンルの好みに合う曲をレコメンドができるようになった。こうした機能をGoogleが2016年にリリースし、音楽配信の普及が加速した。

　対話機能では、ルールベースで用意した回答を選定する方法と、人間がルールを教える機械学習によって対話のパターンを学習させる方法が用いられてきた。この場合、質問に対する回答が定型的になったり、不自然になったり、マンネリ化したり、という課題を抱えていた。2015年頃から自律学習の手法が組み込まれると、様々なバリエーションを自律的に学習することで自然な対応ができるようになり、ユーザーが拡大した。自動翻訳でも同じ仕組みが採用され翻訳された文章が自然になった。従来型のAIの代表であったワトソン（IBMが開発した質問応答システム・意思決定支援システム）も、2015年以降にディープラーニングを導入してサービスを拡大した。

第1章　AI自治体の時代　15

■ クラウドコンピューティングと GPU が商品化を促す

　ディープラーニングは従来型 AI の課題である「データやルールの入力などの手間」を改善したが、開発されてから成果が出るまでに 6 年の時間を要している。その理由は、学習に巨大なコンピュータ能力が必要だったためだ。アルゴリズムの改善もあるが、問題の解決に最も貢献したのは、クラウドコンピューティングの登場によるコンピュータの大幅な能力向上だ。

　ディープラーニングが開発された2006年時点では、高速演算を行うにはスーパーコンピュータなどの HPC（High Performance Computer）を用いるのが一般的であった。しかし、2008年に Google がインターネットを介した分散処理によって高速演算を行う手法を導入したことにより、計算速度がそれまでの数十倍に上がった。

　インターネットを用いた分散処理はクラウドコンピューティングサービスとして汎用化され、2009年にはより高速の GPU（Graphics Processing Unit）を用いたクラウドサービスが始まった。GPU は、ゲーム機のグラフィックを表示する際の演算装置で、単純な計算を並列で高速に処理することができる。並列処理はニューラルネットワークの計算と学習に適した計算方法であったため、GPU により学習速度が数十倍になった。クラウドサービスと GPU の効果を併せて考えると、コンピュータの計算速度は 5 年程度で実に数百〜数千倍となり、それまで 5 年で数倍だったコンピュータの能力が飛躍的に高まった。こうしたコンピュータの進化を受けて、各種の学習則、対話機能、翻訳機能などが開発され、2015年に商用として花開き、2017年に AI が身近なものとなったのである。

　その後、コンピュータの進化が AI の需要を促しコンピュータ側への投資が加速するという循環が生まれる。データセンターの

16

主要デバイス DRAM の生産は2017年には対前年比約70％増となり、今後５年も同程度で増加すると予測されている。需要の開拓とハードウェア側の投資の相乗効果で、今後一層便利な AI サービスが次々と登場するはずだ。

2 国を挙げてのAI戦略（Society 5.0）

■ AI、IoT が成長戦略の中核

「未来投資戦略2018 ―『Society5.0』『データ駆動型社会』への変革―」の中核にあるのは、AI、IoT（Internet of Things）、ビッグデータを活用した社会システムの改革である。

こうした成長戦略の路線は2015年に閣議決定された「『日本再興戦略』改訂2015 ―未来への投資・生産性革命―」に始まる。「ビジネスや社会の在り方そのものを根底から揺るがす、『第4次産業革命』とも呼ぶべき大変革が着実に進みつつある。IoT・ビッグデータ・人工知能時代の到来である」として革新技術による新たな社会の到来を示唆したのだ。

11月の「未来投資に向けた官民対話」では安倍総理が、「世界に先駆けた第4次産業革命」の実現を宣言し、「2020年のオリンピック・パラリンピックまでの自動運転の実現」「3年以内の人工知能を活用した医療診断支援システムの実現」などを目指し投資することを約束した。

翌2016年6月の「日本再興戦略　改訂2016」では、副題が「第4次産業革命に向けて」とされ、「戦後最大の名目GDP 600兆円」の実現が目指された。それには生産性革命が不可欠で、「最大の鍵」が、IoT、ビッグデータ、AI、ロボット、センサーの技術的ブレークスルーを活用する『第4次産業革命』であるとした。

*

ドイツでは、2000年代になって、情報化や社会変革が進む市場に対応し得る新たな製造業を模索し、ITと製造の高度な融合を目指す「Industry4.0」が提唱された。2011年にはSAPなどを中

心に国家プロジェクトが始まっている。

　ドイツにやや遅れ、アメリカでは2012年に GE がインダストリアル・インターネットを提唱し、航空、エネルギー、医療などの分野で、産業向けの情報システムや制御システムとクラウドサービスの高度な融合を図る国家プロジェクトが進められた。

　一方、民間分野では、Google、Apple、Amazon あるいは IBM、マイクロソフトなどによりクラウドサービスとスマートフォンなどのデバイスによる AI サービスが始まったのは前述したとおりだ。元来アメリカは、AI は民間が進めるもので、国は労働者保護、個人情報保護などの規制を扱う、としていたが、AI の世界をリードするために姿勢転換を図った。

　さらに、アメリカでの AI サービスの勃興を受けて、ドイツでは2015年に、製造業に限らず IT によるサービス化やデータ共有を進める「スマート・サービシズ」「インダストリアル・データ・スペース」などのプロジェクトが立ち上がった。

■ 欧米に対抗する Society5.0

　日本で注力している Society5.0は、「サイバー空間（仮想空間）とフィジカル空間（現実空間）を高度に融合させたシステムにより、経済発展と社会的課題の解決を両立する、人間中心の社会」を意味し、それを支えるシステムが CPS（Cyber Physical System）である（図表 1 - 2 ）。

　概念が広いため捉え難いが、「AI などの高度なアプリケーションやデータ群を、インターネットや通信技術を活用して、現実空間の各種のセンサーや情報処理のデバイスと結びつける。その上で、実生活や社会の生活機器やインフラ機械等の管理を一体的に行うことで、我々の生活空間や社会システムを付加価値が高いシステムに変革していくこと」とされている。

第 1 章　AI 自治体の時代 | 19

図表1-2 Society5.0を支える Cyber Physical System (CPS)

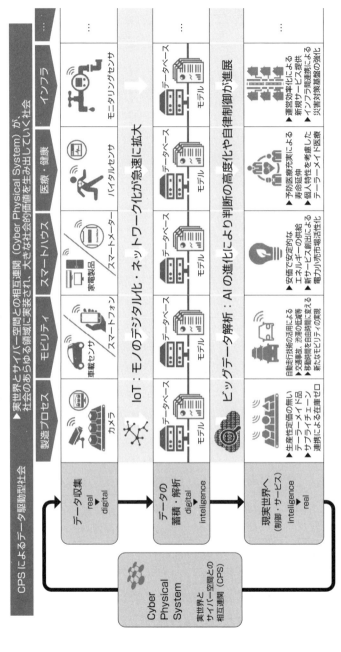

出所：産業構造審議会 商務流通情報分科会 情報経済小委員会中間取りまとめ

Society5.0が政策的に初めて位置付けられたのは、2016年1月に閣議決定された「第5期科学技術基本計画」においてである。そこでは、狩猟社会（Society1.0）、農耕社会（Society2.0）、工業社会（Society3.0）、情報社会（Society4.0）に続く新たな社会を生み出す変革を科学技術イノベーションが先導する、という意味が込められた。

　加えて、翌年の「未来投資戦略2017—Society5.0の実現に向けた改革—」（2017年6月閣議決定）では、先進国に共通する長期停滞を打破する鍵は、「近年急激に起きている第4次産業革命（IoT、ビッグデータ、人工知能（AI）、ロボット、シェアリングエコノミー等）のイノベーションを、あらゆる産業や社会生活に取り入れることにより、様々な社会課題を解決する『Society 5.0』を実現することにある」とされた。

　CPSの基本概念は、インターネット上のデータ取得、分析、学習、モデル作り、予測、計画から現実のモノの制御までの一連のプロセスを人が関与することなく、自動で取り回せる仕組みを作ることである。

　例えば、AIアシスタントによる家電の制御では、まず始めに、室温や湿度、エアコンの動作履歴などの家電データと、外気温、天候などのインターネット上の情報、AIアシスタントを通じた暑い、寒いなど利用者の体感といった情報を自動的に収集する。具体的には収集したデータをAIで分析、学習して、居住空間の特性も含めたユーザーの感性をモデル化する。この結果を用いて現在の環境の情報を踏まえてエアコンが室温や湿度を自動で制御する、といったプロセスとなる。

　家電やAIアシスタントなどの機器のデータセンシングだけでなく、インターネット上の様々な情報を用いてモデル化と予測、制御を行い、現実の空間を自動的に改善していく、という機能が

第1章　AI自治体の時代 ｜ 21

実現されれば、例えば、太陽光発電などの分散電源や電力会社が提供するインセンティブなどを考慮した需要側のエネルギーマネジメントを自律的に行えるようになる。あるいは、エアコンがインターネットと結びついて学習してモデルを作ることで快適な生活空間作りを効率的に行えるようになる。

　このように、Society5.0の影響は、Industry4.0での多品種少量生産に向けた産業連携や工場等の設備管理の最適化などに限らず、生活・社会全般に及ぶ。日本は第4次産業革命の世界的な競争を、ITプラットフォームで戦うのではなく、モノとの接点であるCPSを中心に据えて、「モノとITを連動して実生活や産業に価値を創出するAI」戦略に活路を見出そうとしているのである。

3 内閣府「人工知能技術戦略会議」の狙い

■Society5.0を実現する人工知能技術戦略

2016年4月の「未来投資に向けた官民対話」で、総理が年度内に人工知能の研究開発目標と産業化のロードマップの策定を指示したことを受け、産学官の人材による「人工知能技術戦略会議」が創設された。総務省、文部科学省、経済産業省が所管する五つの国立研究開発法人を束ねることにより、従来各省庁の縦割りとなっていたAIの研究開発体制を廃し、異なるバックグラウンドを持つ研究者が協創を図る体制が整備された。また、AIを利用する側の産業を所管する関係府省との連携も進み、AIの社会実装を推進する体制を整備し、日本としてのAI戦略を策定することになった。

2017年3月には、「人工知能技術戦略」が策定され、AIはSociety5.0を実現するための手段として位置付けられ、以下のような実行戦略が示された。

（1）推進体制

総務省、文部科学省、経済産業省が所管する三つの国立研究開発法人に所属する研究センター（3センター）が連携しAIの研究開発を推進する。

3省に加え、内閣府（戦略的イノベーション創造プログラム（Cross-ministerial Strategic Innovation Promotion Program：SIP））、厚生労働省、国土交通省、農林水産省などビッグデータを有し、出口となる産業を所管する府省でもAIを利活用したプロジェクトを企画する。

第1章 AI自治体の時代 | 23

図表1-3 人工知能技術戦略会議の全体構成

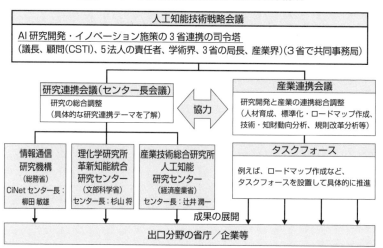

出所：NEDO AI ポータルより抜粋

（2）ロードマップ

当面の重点分野を、①社会課題として喫緊の解決の必要性、②経済波及効果への貢献、③AI技術による貢献の期待、の観点から、「生産性」「健康、医療・介護」「空間の移動」の3分野に加え、横断的な分野として「情報セキュリティ」を特定する。

AI技術はあくまでサービスの手段であり、各種データと組み合わせて初めて活用が広がることから、進め方を次の3フェーズに分けて産業化に向けた進展を図る。

【フェーズ1】2020年まで
　各領域において、用途特化でデータ駆動型のAI利活用が進む
【フェーズ2】2025～2030年
　個別領域の枠を越えて、AI、データの一般利活用が進む
【フェーズ3】2030年以降

各領域が複合的につながり合い、エコシステムが構築される

フェーズ1で考えられているのは以下のような内容だ。
・用途を特化したAI技術を開発して社会実装を進め、日本発のCPS型サービス産業を早急に確立する。これにより製造業のIoT化の遅れを挽回する
・新たな産業として健康、医療・介護サービスを確立して、拡大する医療・介護等の社会保障費の削減と新たな雇用の創出を図る
・今後の高齢化社会と人手不足に対応した自動運転による移動サービスを確立して、生活不便のある地域でも安定、活発な社会生活が営める地域インフラの構築と新たなサービス産業の創出を進める

＊

こうしてサービス産業が拡大すれば、フェーズ2として、複数の分野で新たなデータが蓄積され分野横断のデータ利用が可能になる。分野を超えたつながりによってエコシステムが構築されれば、フェーズ3として、新たな付加価値が創出され市場が拡大することが期待される。こうなれば、データの蓄積がメリットを提供し合う好循環が生まれ、継続的に市場が発展する可能性が高まる。従来は事業性が得られ難かったサービス事業でも、AIとIoTによるコスト削減と付加価値創出の効果で事業の実現性を高められるようになる。課題先進国のニーズを的確に捉えて事業性を確保し、新たな産業を創出することができれば、社会課題の解決と雇用創出という一石二鳥の政策が実現できる。

第1章 AI自治体の時代　25

（3）各種のプラットフォーム作り

　人工知能技術戦略では、五つの分野に特化した AI 技術を早期に社会実装して、市場を発展させるために必要となるプラットフォームを構築することを重視している。

　一つ目は、戦略の中心となる研究開発のプラットフォームである。（1）で示した三つの研究機関はこれまで独自に研究開発を進めてきたが、それぞれの役割を持って連携して研究開発を進めることで、異なる能力を一堂に集めてブレークスルーを実現する可能性が高まる。得られた各種のアプリケーションを共有すれば、3 機関の研究開発が加速するだけでなく、民間事業者のサービスの事業化を加速することもできる。

　二つ目は、データの連携を行うプラットフォームである。バラバラに存在している各種のデータを一括して利用できるデータプラットフォームを構築すれば、学習に多量のデータが必要な AI の活用可能性が高まる。

　製造業やサービス業などの有する生産性を向上するデータや学習済みのモデルは、運転ノウハウやデータ分析などの分野にも活用できる。また、自動移動サービスによって取得される画像データは健康、医療、介護、防災などでも効果的な活用が可能である。

　企業秘密の漏えい防止、個人情報保護の仕組みや情報活用に対する対価の設定、売買の仕組みを整備する必要はあるものの、データ連携は AI を活用した産業育成に不可欠である。

　三つ目は、人材育成のプラットフォームである。現在、最先端の AI の研究開発人材のみならず、製品化に向けたエンジニアリングの人材が極めて少ない。そこで、教育環境を改善するだけでなく、グローバル水準で活躍できる国内外の若手研究者等を能力に相応しい給与で処遇すると共に、職務環境や業務内容等を魅力的なものにするなどの環境整備について検討する。

四つ目は、ベンチャー支援のプラットフォームである。AIを迅速に事業化するにはベンチャーが適しているが、AIで新技術や新サービスを提供するベンチャーは少ない。ベンチャーを担う事業者の拡大に向けて、技術を持つ大企業とのオープンイノベーションの場の整備や資金面での支援、コーディネート人材の育成などを進める。

　最後は、AIに対する理解促進のプラットフォームである。AIが人の生活を脅かすものではないこと、業務が効率化しても新たな産業が創出されるなどの産業の発展が期待できること、自動運転などは開発を制限するのではなく、開発を進めた上で検証を行いサービスとして活用すべきであることなど、AIを社会に的確に受け入れてもらえるように政府として啓発、広報を進める。

＊

　このように、わが国のAI推進戦略は、従来にない連携体制や社会システムの構築を図りながら、革新技術による世界的な産業や社会サービスの変革に後れを取らない、という強い意志が感じられる内容となっている。

　ただし、これを実行するためには、バラバラだった部門を連携する際の摩擦や規制の壁、あるいはそれらに屈しない推進力と個人情報や企業機密の管理などに対する緻密な対応力が必要になる。政府が前面に立った官民一体の体制が不可欠だ。

4 ここまできた民間企業のAI活用

■AI導入が進む3分野

　AIは民間企業の最重要の投資先に位置付けられつつある。AI向けの投資は、2016年前年度比70％増、2017年度同90％増と急拡大しており、文部科学省の集計によると2018年度は6,000億円に達する見込みである。

　また、毎日新聞が国内の主要企業121社に対して2017年12月に行った調査では、「業務の一部をAIに置き換え、さらに拡大予定」と回答した企業が27％、「導入実績がある」と回答した企業は20％で合わせて47％の企業がAIの導入を進めている。

　民間企業でAIの導入が進んでいるのは①自然言語理解機能、②画像認識機能、③パターン認識機能、の三つの分野である。

①自然言語理解機能

　自然言語理解機能のアプリケーションには、コールセンター代行、自動翻訳、書類の自動生成、対話型のチャットボット（テキストや音声を通じて、会話を自動的に行うプログラム）による問い合わせ対応、対話結果による自動FAQ生成（FAQとはFrequently Asked Questionsの略語で、頻繁に尋ねられる質問の意）、ロボットによる接客、判例解析等の弁護士業務支援、などがある。

　中でも普及が進んでいるのはコールセンター代行である。コールセンターは、離職率が40％と高く、慢性的な人手不足となっている。人材の育成には数か月がかかるため、育成が十分行き届かず品質を維持することが難しいケースもあるという。不動産開発事業と賃貸事業を展開するレオパレス21は、全国5拠点でコール

センターを運営しており、アパートや付帯サービスに関する入居者からの問い合わせ、賃貸物件に関する問い合わせなどに対応している。同社は、2017年11月24日よりレオパレス21新潟コールセンターを皮切りに、コールセンターの応対品質の向上とオペレーター支援を目的として音声認識ソリューションを導入した。その結果、年間約2,633時間の作業時間と約460万円のコストの削減が見込まれている。また、（会話のデジタル化による）通話の見える化によって応対品質の向上・均一化が可能になるなど、サービス品質の面での効果も期待されている。

　問い合わせ業務での導入も進んでいる。SMBC日興証券は、LINEを使った口座開設方法や株価、投資信託の銘柄に関する問い合わせにAIが答えるサービスを導入した。また、三井住友銀行は、顧客からの電話での問い合わせをAIで文字に変換し、担当者に回答候補を示すシステムの導入を始めている。

　三菱電機とキリンホールディングスは、大量退職が迫るベテラン社員のノウハウを引き継ぐ研究にAIを活用している。ベテラン社員の会話をデジタル化し、精密光学部品の組み立てやビールの製造過程に生かすことで熟練技術を再現しよう、という試みだ。

②画像認識機能

　画像認識機能のアプリケーションには、監視カメラ解析による防犯強化や製造ラインの不良品検出、物流倉庫における業務効率化、来店客の外見、視線等の特性分析、自動運転、表情や音声認識による対話支援、表情認識をするコミュニケーションロボット、店舗の顧客行動分析による商品配置最適化、自律移動ロボットなどがある。

　この中で導入が進んでいるのは、監視カメラを活用した防犯や来店客の特性把握である。

NTT 東日本は小売店舗向けに、AI を使った万引き防止サービス「AI ガードマン」の提供を始めた。店舗に設置した AI 内蔵カメラが、来店者の不審行動を検知し、クラウド経由で店員のスマートフォンに検知場所、静止画などを通知、通知を受けた店員が不審な行動をとる来店者に"声がけ"することで万引きを未然に防ぐ、という仕組みだ。発生を事前に食い止めることで犯罪を抑制するシステムである。消費者行動のデータを追加的に学習することで、新たな万引きの手口が出現した場合にも対応できるという。

来店客の特性把握では、三重県伊勢市の大衆食堂「ゑびや」がカメラによる顧客の分析と売上データを連携させ売上を 4 倍、利益を10倍にしたという例がある。カメラ画像から性別・年齢を高精度で判定し、その時の感情や初来店かどうかなどを検知する。また、過去の顧客の注文履歴、売上データ、天気予報、近隣の宿泊客数などのデータを用いて来店客数や注文などを予測して、仕入れやスタッフ配置などを行うことが可能になり、料理の提供時間短縮、仕入れ精度の向上、廃棄コスト低減などにつながったということだ。

③パターン認識機能

パターン認識機能のアプリケーションには、WEB 等での嗜好等に基づくレコメンド、行動パターン分析・予測、株価分析、製造設備等の異常検知、災害予測、売上データやマクロデータ分析による需要予測、在庫圧縮を含む最適計画、顧客の行動履歴の分析に基づくターゲティング広告、電力の需給調整等の需要側サービス、選挙予測などがある。

このうち普及して効果を出しているのは、WEB でのレコメンド、利用者の行動パターン分析・予測などである。

レコメンドには身近な事例が多数ある。音楽アプリケーションの Google Play は、約4,000万曲のストックの中から、過去に聞いた曲のパターンを認識して、おすすめの曲を紹介してくれる。まったく聞かなかったジャンルであっても、好みの新しい曲やアーティストを発見することができる。YouTube の動画レコメンドも精度が高い。好みを的確に捉えて、昔のミュージシャンの隠れたライブ映像などの貴重な動画を見つけることができる。LINE のスタンプのレコメンドなども人気がある。多数のスタンプの中から好みに合いそうなものを選んで候補として表示してくれる。

　行動パターン分析・予測の例としては、東京無線タクシーが導入した NTT ドコモの AI タクシーがある。同システムは、NTT ドコモの携帯電話ネットワークを用いて、区分けされた地域の人口統計情報を基に、タクシーを利用する乗客がいるかどうかを予測する。性別、年齢層などのデータを反映することで、30分先までの予測がリアルタイムで可能だ。予測の正解精度は90％を超え、新人のタクシー運転手でも１台あたりの収入が平均で3,000〜4,000円/日アップしたという。主婦や若い男性など経験のない人でも働ける環境を作ることで、ドライバー不足の問題が緩和されることが期待されている。

＊

　2015年までは導入がなかなか進まなかった AI だが、上述したように、我々の身近でも効果の高いアプリケーションの事例が日常的に見られるようになった。データを蓄積することで予測やレコメンド、診断などの精度は日々高まっていくはずだ。昨今の AI への注目は、これまでのように過去の一過性の AI ブームとは一線を画するものとなってきた。

第1章　AI自治体の時代　31

5 電子政府の取り組みを振り返る

■ 四半世紀に及ぶ電子政府の政策

　総務省によれば、「電子政府・電子自治体とは、コンピュータやネットワークなどの情報通信技術（IT）を行政のあらゆる分野に活用することにより、国民・住民の方々や企業の事務負担の軽減や利便性の向上、行政事務の簡素化・合理化などを図り、効率的・効果的な政府・自治体を実現しようとするもの」とされている。

　日本の電子政府の政策の歴史は四半世紀にわたる。

　行政のあらゆる分野において情報通信技術の成果を普遍的に活用し、行政の質の高度化、国民サービスの質的向上を図ることを目的として、1994年（平成6年）12月25日閣議決定、1997年（平成9年）12月20日改定されたのが「行政情報化推進基本計画」である。1995年には「高度情報通信社会に向けた基本方針」が示された。これらにより、情報化が行政の効率化、国民に対するサービスの向上、国民への情報提供、行政内での情報共有、などのための重要な手段として位置付けられた。

＊

　1999年には、新世紀への移行を機に、新しいミレニアム（千年紀）に向け、人類の直面する課題に応え、新しい産業を生み出す大胆な技術革新に取り組む「ミレニアム・プロジェクト」が掲げられた。環境政策、革新技術開発とともに情報化も重要な課題とされた。その中に電子政府に関する政策も含まれ、2003年度までに、民間から政府、政府から民間への行政手続きを、インターネットで、ペーパーレスで行える電子政府の基盤を構築すること

図表1-4　電子自治体関連政策

制定年度	名　称
1994	行政情報化推進基本計画
1995	高度情報通信社会に向けた基本方針
1997	行政情報化推進基本計画
1998	バーチャル・エージェンシー
1999	ミレニアム・プロジェクト
2000	IT 基本戦略
2001	e-Japan 戦略
2003	e-Japan 戦略Ⅱ
2003	電子政府構築計画
2006	IT 新改革戦略
2006	電子政府推進計画
2009	i-Japan 戦略2015
2010	新たな情報通信技術戦略

出所：官邸ホームページより

が目標とされた。

　2000年前後はインターネットを中心としたIT関連ビジネスへの期待が高まった時代だ。そうした流れを反映したのが、2000年に策定された「IT 基本戦略」と、その翌年に策定された「e-Japan 戦略」だ。2001年には、高度情報通信ネットワーク社会の形成に関する施策を迅速かつ重点的に推進するために、内閣に「高度情報通信ネットワーク社会推進戦略本部（IT 総合戦略本部）」が設置された。

　「IT 基本戦略」では、文書の電子化、ペーパーレス、情報ネットワークの活用による情報共有、業務改革などにより、2003年度には、行政では電子情報と紙情報を同等に扱い、国民・事業者のIT 化を促す、とされた。また、「e-Japan 戦略」では、「24 時間365 日ノンストップ・ワンストップの行政サービス、外部委託や

調達改革等による効率化、財政支出の抑制、サービスの向上のために、2005年度末までに、総合的なワンストップサービスの仕組みや利用者視点に立った行政ポータルサイトを整備するとともに、2005 年度末までのできる限り早期に、各業務・システムの最適化に係る計画を策定する」とした。

■ e-Japan から i-Japan へ

その後、2003年に「電子政府構築計画」が示され、電子政府の構築は、「国民の利便性の向上と行政運営の簡素化、効率化、信頼性及び透明性の向上を図ることを目的とする」とされた。「e-Japan 戦略」から少し時間が空いた時期に、手堅く見える目的が設定されたのは、この間、いわゆる IT バブルの崩壊により、舞い上がり気味だった IT への期待が適温になったからだろう。

2006年の「IT 新改革戦略」では、「世界一便利で効率的な電子行政－オンライン申請率50％達成や小さくて効率的な政府の実現－」「行政分野への IT の活用により、国民の利便性の向上と行政運営の簡素化、効率化、高度化及び透明性の向上を図る」とされており、行政側の改革による成果創出の姿勢が一層明確になった。また、同じ年、「電子政府推進計画」が発表され、「費用対効果の観点に立った PDCA サイクルによる工程管理体制を確立し、2010年度（平成22年度）までに（中略）目標の達成を目指す」とされた。具体的には、申請・届出等手続きのオンライン利用の飛躍的な拡大、電子行政サービスのワンストップ化のための実証や実用化である。ここでも、システム運用経費の削減や業務処理時間の削減の早期の実現等、政府側での業務・システムの共通化、集中化、共同利用化など成果創出重視の姿勢が見て取れる。

2009年には2015年を目標年度とした「i-Japan 戦略 2015〜国民主役の『デジタル安心・活力社会』の実現を目指して〜」が示さ

れ、デジタル技術による「新たな行政改革」を進め、国民利便性の飛躍的向上、行政事務の簡素効率化・標準化、行政の見える化を実現し、世界一の評価を受け得る、「国民に開かれた電子政府・電子自治体」の実現が目指された。

■ 成果を上げた電子政府の政策

　こうした電子政府に関する一連の政策は一応の成果を上げている。「IT 基本戦略」や「e-Japan 戦略」が示された頃に比べると行政の中の業務は大きく変わった。この頃は、パソコンが一人1台整備され、行政職員がソフトウェアやインターネットを使いこなせること自体が目標とされていた面もある。パソコンは整備されたものの、民間では見たこともないパソコンが使われていたりもした。住民とのネットワーク上でのやり取りも緒に就いたばかりだった。

　しかし、昨今では、行政職員も民間企業の社員と同じようにソフトウェアやネットワークを利用して仕事をするようになった。行政側のホームページの機能も飛躍的に向上した。単なる一方的な情報提供だけでなく、住民との双方向のやり取りや住民への相談対応もできるようになっている。提供される情報の量も格段に増え、使い易い資料が増えるなど、情報の質量両面で大きく改善した。サービス面でも、例えば、図書館ではオンライン予約や図書の手配などが行われるようになった。

　業務効率の改善についても成果が出たと考えられる。今世紀に入っても日本の公共財政は悪化の一途を辿っている。ただし、公共部門全体の長期債務負担は右肩上がりだが、自治体全体の債務は頭打ちになっている。国の債務が増えており、自治体が負うべき財政負担を国が負っている面もあるが、自治体が頑張った面もあるはずだ。

第1章　AI自治体の時代　35

また、民間企業でもそうだが、情報化は既存業務を効率化する一方で、新たな事務的な業務を生んだ。例えば、公開される情報の量が増えた上、漏えいリスクや個人情報など情報管理の負担も増えた。

　さらに、自治体でもコンプライアンスが厳しくなった上、高齢化対策など住民向けのサービスも充実した。一方で、この間、財政状況などの問題もあり、自治体職員の数はむしろ減少傾向にあるので、職員一人あたりの事務処理量は増えていることになる。20年にわたる電子政府、電子自治体の政策がこうした事務処理量の増大への対応を可能にした面もある。

■ 電子政府政策の積み残し

　しかし、「i-Japan 戦略 2015」に示されているような、デジタル技術による「新たな行政改革」や、世界一の評価を受け得る、「国民に開かれた電子政府・電子自治体」の実現が見えているか、と問われればそうとは言えない。

　例えば、申請手続きのペーパーレス化の枠組みはある程度できたものの、紙ベースの手続きが残っている。住民基本台帳カード、マイナンバーなどが整備されてもなかなか浸透せず、旧来からの証明書類がなくならない。民間市場では銀行口座の管理や資金のやり取りといった最も高度なセキュリティを要する手続きがオンライン化されているのに、申請手続き、受発注業務、あるいは選挙などにこうした技術を導入し切れていない。印鑑証明のような書類もなくならない。

　PPP などにより民間への委託は進んだが、上流の企画、設計などが行政に握られているため、民間には結局ぶつ切りの仕事しか委託されない分野もある。あるいは、革新技術を導入しても人間が立ち会わなくてはならない、という重複業務がなくならない。

こうした状況は、電子政府、電子自治体の政策自体というより、行政業務を制約している諸制度の改革が世の中の技術の進歩に追いついていないことによる面が大きい。

　民間企業が新たなシステムを導入する場合は、まずコンサルタントを入れて、業務改革の計画を作り、その計画を実現するためにシステムを計画、導入するのが一般的だ。上述したような電子政府・電子自治体の課題は、改革に向けた明確な計画を作らずに技術を導入したことの結果と言える。業務改革プランなしにITを導入すると、処理スピードが上がるなどITの処理速度などによる成り行きの成果は出る。しかし、それは職員が張り付いたままITが導入される二重投資が行われることでもある。日本の行政業務全体でも見ると、こうした二重投資によるコストは相当な額に上るはずだ。

■ 求められる業務改革

　行政業務に本格的にAI／IoTを導入すれば、これまでの電子政府・電子自治体の取り組みを大きく上回る成果を出すことも可能だ。「IT基本戦略」や「e-Japan」戦略が示された時代と比べるとIT関連の技術は飛躍的に進歩しているからだ。

　職員の身近なコンピュータであるパソコン記憶装置の容量はMB（メガバイト）から1024倍のGB（ギガバイト）へ桁違いになっている。通信容量もkB（キロバイト）の時代からMBの時代へと、こちらも桁違いの進歩だ。また、当時の戦略ではあまり視野に入れられていなかったセンサー類は、ある意味でコンピュータ以上に飛躍的な進化を遂げた。それによりセンサーを取り付けることで、人間が管理する以上に正確にインフラや施設の状況を把握することが可能になっているし、画像情報を分析して地域の状況を知ることもできる。サービスや情報を提供する行政の側以上に変

第1章　AI自治体の時代　37

わったのは住民の側だ。多くの人がスマートフォンを持つようになり、行政との、あるいは住民間での高度な情報のやり取りを日常的にできるようになった。スマートフォンの処理能力は当時のパソコンを大きく上回る。ネットワーク上での情報の量も比べ物にならない。

　単に人工の知能が加わるだけでなく、こうした社会全体のIT環境の変化がAI時代への期待を膨らましている。国もAIへの期待を捉え、事務処理の自動化などのためにAIを導入する自治体を支援する方針を示した。その上で、2040年を目途に、現在の半分くらいの職員で行政業務をこなせることを目指すという。

　ただし、AIやITの進歩を新たな行政改革に活かすためには、上述した電子政府・電子自治体の政策の経緯を踏まえることが重要だ。何故なら、ITは普及したものの、業務改革が不十分であったため、成果がIT処理速度による業務改善の範囲内に留まった可能性があるからだ。AIの機能を活かすためには、行政にはこれまで以上に業務改革を推し進めることが求められる。ITにより補完ないしは代替される業務はこれまで以上に多くなり、今まではできなかった住民向けサービスなどを可能にするのである。そのためにどのような仕事をAIに任せ、どのようなサービスの価値を積み増すかを考え、行政職員をより付加価値の高い業務に振り向けることがますます必要になっている。

　以上を念頭に、次章では先行的な自治体でのAI導入の状況を見てみよう。

第2章

進む実証実験と実用化

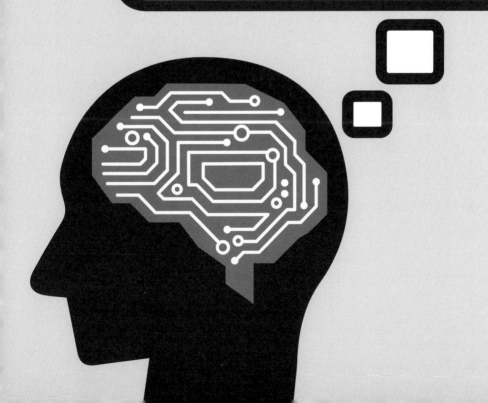

1 住民からの問い合わせ対応へのAI導入

■ 板ばさみ状態を解消するCRM

　市町村は地域住民の日常生活基盤を支える空気のような存在だ。インフラから教育、介護など様々なサービスを手掛けているため、地域住民から数多くの問い合わせを受ける。中には少なからぬ数のクレームも含まれる。地域住民からの問い合わせへの対応は地域住民の前面に立つ市町村の重要なミッションであることは十分認識されながらも、それが行政運営上の負担となっていることも否定できない。一方で、市町村が限られた職員で一生懸命対応しても、住民が満足する訳でもない。今後は、高齢化、インフラの老朽化などで、地域住民からの問い合わせはますます増えると考えられるのに対して、市町村側は人手不足と財政的な制約で人員増は期待できないから、行政側の負担と地域住民側の不満足は一層大きくなる可能性がある。

　同じような課題は民間企業にもあった。市場競争が厳しくなる中、顧客対応を充実しなくてはならないのに、サービスのコストを増やす訳にはいかない、という状況だ。そうした課題を解決するために民間企業が導入したのが、カスタマー・リレーションシップ・マネジメント（CRM）システムだ。最近では、多くの企業がまず始めにホームページ上で顧客からの問い合わせを振り分け、予め用意した回答に導くようになっている。電話でも対応しているが、できるだけ多くの問い合わせをホームページ上で処理しようという意図が読み取れる。電話での問い合わせを受けるコールセンターでは、スタッフはコンピュータ上に表示される問い合わせ対応例から適切な回答を抽出する。電気製品などで顧客

図表 2-1　一般的な自治体向けコールセンターフロー

（事前処理）
- 標準的な行政サービスに対する質問と回答（Q&A）データをインプット

（対話・データ入力）
- 利用者は電話、WEBページで質問
- CRMシステムを用いて、過去のQ&Aから関係項目を抽出
- 質問に対応したQ&Aに基づいて対話表現で回答

（事後処理）
- CRMシステムを用いて、並行して実施したアンケートとも合わせてデータの分類分け、傾向分析を実施
- 回答後に担当部門に連絡して実行する

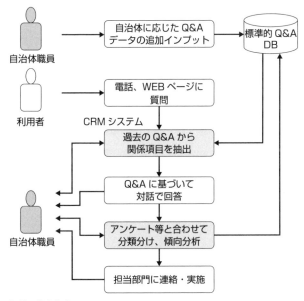

出所：著者作成

の ID を把握している場合は、機種、過去の問い合わせ履歴など
を確認し、より適切な対応を図る。

■顧客対応への IT 導入の成果

　こうしたインターネット、コールセンターの標準的な対応を経
て、必要な場合は、より専門的な対応を図る、という複数段階の
顧客対応には三つの効果が期待できる。

　一つ目は、より多くの顧客からの問い合わせに対応できるよう
になることだ。

　二つ目は、コミュニケーションスキルや専門的な知識を持った
職員を難しい課題を抱えた顧客に集中できることだ。一部の企業
では、こちらが恐縮してしまうような懇切丁寧な対応をすること
が、顧客を囲い込む有効な手段になっている。

　三つ目は顧客への対応を進化させられることだ。ホームページ
上、コールセンターでの標準的な対応、個々の懇切丁寧な対応は
情報基盤でつながっている。それを分析することで、標準的な対
応の精度を高め、懇切丁寧な対応に人的リソースを集中すること
ができる。企業としては、顧客対応のコストを下げながら、顧客
の満足感を高めることができるようになる。今や、顧客対応シス
テムは企業が市場競争で勝ち抜くための欠かせない手段となって
いる。

　こうした民間で広く用いられているシステムの公共分野への導
入が遅れたのには、いくつかの理由が考えられる。

　一つ目は、法律や制度で縛られているため、サービスの変革に
ついて民間企業より慎重にならざるを得ないという立場があるか
らだ。

　二つ目は、民間企業は自社の製品やサービスの特性に合わせて
顧客を絞り込むことができるのに対して、自治体は地域に住む全

ての住民に対応しなくはならないからだ。サービスの仕組みを変えることによる影響を、あらゆるタイプの住民に対して考えなくてはならない。

　三つ目は、財政的な制約だ。民間は将来収益を前提として資金を調達することができる。一方で、成長が期待できないどころか、人口減少による需要減まで予想される自治体では思い切ったIT投資を行いにくい。

　そして、四つ目は、民間企業に比べて自治体のITや顧客サービスに関する素養や経験が足りなかったからだ。IT分野での技術・サービス革新が続く中、自治体ではIT人材が大きく不足している。

　こうした難しい状況を抱えながら、民間で培われたITを住民とのコミュニケーションに取り入れようという動きが出てきている。この背景には三つの動向がある。

　一つ目は、ITを使ったシステムが社会の至るところに普及し、自治体側でもアレルギーが緩んできたことだ。自治体職員もユーザーとしてCRMを体験し、大きな問題がない上、有効であることを確認できるようになっている。

　二つ目は、いよいよ「ない袖は振れない」状況になってきたことだ。自治体財政、職員の雇用が厳しい中、高齢化など一層のサービスの充実が求められるようになって、ITの可能性に託せざるを得なくなってきた。

　三つ目は、ここ数年の、IT、特にAI／IoTの著しい進歩により、ITの活用分野が大きく広がったことだ。

　前置きが長くなったが、こうした背景を念頭に住民からの問い合わせ対応におけるAIの導入状況を見てみよう。

第2章　進む実証実験と実用化　43

■川崎市の取り組み

　2017年度、川崎市は三菱総合研究所が主催する「行政標準化・AI活用研究会」の実証実験に参加し、三菱総合研究所と日本ビジネスシステムズが提供するクラウドサービスにより「AI（人工知能）を活用した問合せ支援サービス」の実証実験を行った。同実証実験には川崎市を含め30を超える団体が参加している。三菱総合研究所は川崎市、掛川市の協力を得て2016年度にもAIによる問い合わせ対応サービスの実証実験を行っている。2017年度の実証実験は、2016年度の実証実験での「AIを効果的に活用するためには、投入するデータの質的・量的向上が必須である」との課題を受けて、川崎市のホームページに公開されている「よくある質問（FAQ）」もデータを追加し、より広範かつ、きめ細かい受け答えができるようにしたものだ。

　「AI（人工知能）を活用した問合せ支援サービス」の仕組みは、サービスの利用者が入力した質問の意味をAIが解釈し、行政側が予め登録しておいた行政サービスに関する質問と回答に基づいてチャット形式で回答する、というものだ。回答後に関連性の高いキーワードがあれば、そこから利用者との対話を深め、より適切な案内に導く機能もついている。AIによる顧客の問い合わせの分析機能、チャット形式による対話機能を有している点で、民間でも普及していないサービスだ。

　実証実験後、川崎市はサービスの内容に関するアンケートを行っている（図表2-2、図表2-3）。その内容によると、市民については60％、行政職員については30％弱が「便利」と回答している。いずれも、「便利でない」、と回答した人は20％前後しかいなかった。サービスの継続については、市民の95％、行政職員で90％弱が継続して欲しいと回答している。こうした結果からAIを使った問い合わせ支援については、市民、行政職員共に先

図表2-2 AIを使ったサービスの良かった点

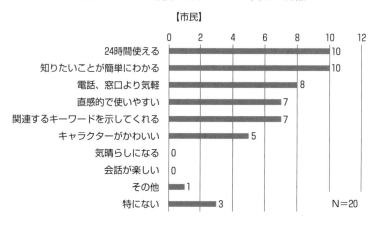

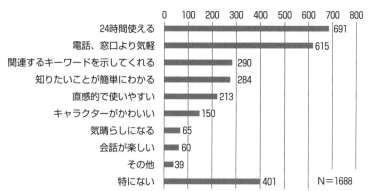

出所：平成29年度「AI（人工知能）を活用した問合せ支援サービス実証実験」【実施結果報告書】（川崎市総務企画局情報管理部ICT推進課）

進技術を使った行政サービスの改善に前向きであると考えられる。

　提供される情報については、「知りたい情報がほとんど得られなかった」と回答した人は市民で20％、行政職員で30％弱だった。一方で、内容面について、より幅広い分野への対応を求める声が多いことから今後の改善への期待が高いと考えられる。

図表2-3 「AIによる問合せ対応支援サービス」で充実して欲しい分野

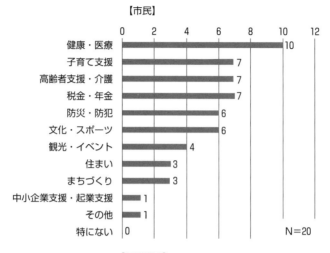
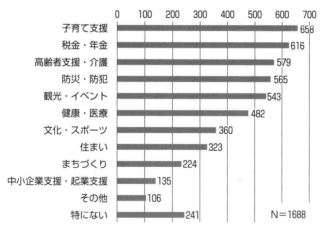

出所：平成29年度「AI（人工知能）を活用した問合せ支援サービス実証実験」【実施結果報告書】（川崎市総務企画局情報管理部ICT推進課）

　サービスの効果について市民、行政職員とも最も多かったのは「24時間使える」ことだ。それに続くのは、市民が「知りたいことが簡単に分かる」、行政職員が「電話、窓口より気軽」となっ

ている。いずれも、AIの導入が今までできなかったサービスを実現できる可能性を示している。

　今後の対応分野については、市民と行政職員で若干の違いが見られる。市民では、健康・医療、子育て支援、高齢者支援・介護、税金・年金、防災・防犯の順にニーズが高いのに対して、行政職員では、子育て支援、税金・年金、高齢者支援・介護、防災・防犯、観光・イベントの順となっている。市民が日々の生活での関心ごとが中心となっているのに対して、行政職員では日頃の業務の中で負担感の大きな分野へのニーズが高くなっているように見える。

（以上、平成29年度 「AI（人工知能）を活用した問合せ支援サービス実証実験」【実施結果報告書】 2018年8月　川崎市総務企画局情報管理部ICT推進課　より抜粋）

■ 住民サービスの向上と自治体の体制整備

　川崎市での実施実験結果から、地域住民からの問い合わせについてAIを活用したサービスは、住民サービスを向上し、自治体が抱える問題を緩和することに有効であると言える。2016年度の実証実験で課題となったように、サービスの機能を高めるためには、FAQデータの充実が欠かせないが、まず対象を絞って特定の分野での有効性を高めることは可能だ。市民側でも行政側でも効果を実感するためには、導入時の分野やテーマの絞り込みが欠かせないと言える。AIは利用することでデータが蓄積して機能が高まる、という性格をしているから、初期の導入方法を検討した上で早期の導入が望まれるところだ。AI導入に当たっては、可能性を前向きに捉えた上で、実効性のある対策を考えることが必要だ。

　民間側としても、行政側のニーズが集約できないと、初期のサービスの費用対効果が薄れるから、民間側の商品作りと行政側

第2章　進む実証実験と実用化　｜　47

のニーズの絞り込みが上手く連動しないといけない。このあたり
の旗振り役を市場に任せるのか、政策主導で行くのかは検討する
必要がある。

　一方で、行政が上述した民間の顧客対応のような成果を出すた
めには、AIの導入だけでなく、サービス体制全体の再構築が欠
かせない。上述したように、民間企業ではホームページでの対応、
コールセンターでの対応、特定顧客への対応を連動させることで、
効率化、サービスの進化、特定顧客への対応の充実、それらによ
る顧客の囲い込み、という成果を上げた。これを行政に投影する
のであれば、AIを使ったサービスと並行して電話での対応、
フェース・トゥ・フェースでの対応を一体的に運用する体制を作
り、住民の満足感や行政への信頼感を高め、地域住民とのコミュ
ニケーションを深め、特定の問題を抱えた住民に寄り添って問題
を解決する能力を充実し、行政側の財政負担を下げる、というこ
とになる。高い目標であるが、AIの機能を本当の意味で活かす
ためには、こうした成果指向の問題意識が重要になる。

2 特定分野（納税、廃棄物収集）における 住民対応への AI 導入

■ AI 導入の二つのアプローチ

　川崎市が行った実証実験では、AI を活用した住民からの問い合わせへの対応について、今後幅広い分野へ拡大して欲しい、とするニーズが市民側からも行政側からも聞かれた。自治体は住民生活を支える幅広いインフラの管理、サービスの提供を手掛けているから、効果のある取り組みを広げて欲しいというニーズがあるのは当然である。一方、行政側から見ると業務の負担感の多寡や政策的な重要性は分野によって大きく異なる。また、住民側から見ても生活者の視点で、業務上効率化や利便性の向上に取り組んで欲しい分野の軽重は異なる。

　そこで、AI 導入による効率化や住民との対話の充実などの成果を高めようと考えるのであれば、まずは、必要性の高い分野に焦点を絞って AI の導入を図ろうという考え方が出てくる。早い段階で目に見える効果を出せば行政側としても予算や人員の確保を進めやすいし、地域住民の支持を受けることも容易だ。AI の効果は投入するデータ量に依存する面が大きいが、分野やテーマが特定されれば、行政側は情報を提供しやすい。システム構成にも日頃のアイデアや問題意識を反映することができる。

　そうして、総合的なシステムの構築に向け、いくつかの分野への導入を図った上で、総合的な問い合わせ窓口を設定する、というプロセスが考えられる。最終的に、住民からの問い合わせを受ける総合的な窓口で問い合わせ内容を言語処理して関係する分野に振り分け、そこで住民への問い合わせに AI が対応する、というシステム構造になることに変わりはない。このように自治体の

AI 導入には総合窓口からのアプローチと特定分野からのアプローチが考えられる。以下では、特定のテーマについて AI の導入を図った例を見てみよう。

■ 横浜市におけるごみ分別案内への AI 導入

横浜市が注目したのは市民が出す一般廃棄物の分別だ。大きな人口を抱える政令指定都市として、ごみの減量化に積極的に取り組んできた政策姿勢を反映した対象分野の選択と捉えることができる。

横浜市資源循環局は2017年 3 月から 6 月にかけて NTT ドコモと共同で、AI を使い、ごみの出し方を対話形式で案内する「イーオのごみ分別案内」の実証実験を行った。横浜市では、民間事業者から公民連携に関する相談・提案を受ける「共創フロント」を開設しており、ここが窓口となり民間から新しい事業の提案を受け付けている。AI を使ったごみ分別の案内もこうした独自の体制の中で提案され実現に至ったものだ。市が力を入れてきたごみ政策が市民にも行き渡っていることを示す経緯と言える。ちなみに、イーオは横浜の3 R（ごみの Reduce、Reuse、Recycle）のマスコットである。

この実証では、システムを公開しているサイト上で、市民がごみの出し方に関する質問を投げかけると、横浜市の分別検索システム「MIctionary（ミクショナリー）」で培われた、 2 万語以上に対応する分別方法、雑学、クイズなどが案内される。それを基に、NTT ドコモが持つ言語処理の技術を活かしたチャット形式の対話が行われることになる。

対話によって排出されるごみの内容が明らかになる上、雑学やクイズが提示されるので、ごみ処理に関する市民の知識が深まる、という効果も期待できる。直近のごみ処理の効率化だけでなく、

図表 2-4　横浜市のごみ分別案内

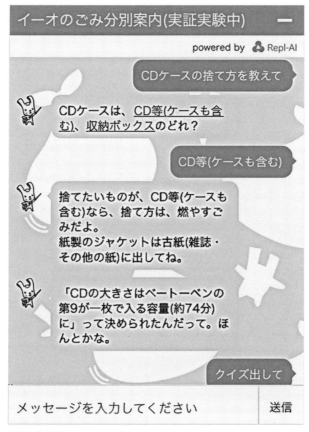

出所：横浜市ホームページより

　長期的な視点で3Rを改善するための環境を作っていこう、という市の姿勢が窺えるシステムの作り込みと言える。
　横浜市で実証されたシステムは東京都墨田区にも導入されている。動画機能が追加されたバージョンだ。

図表2-5　東京都自動車税案内の実証実験のイメージ

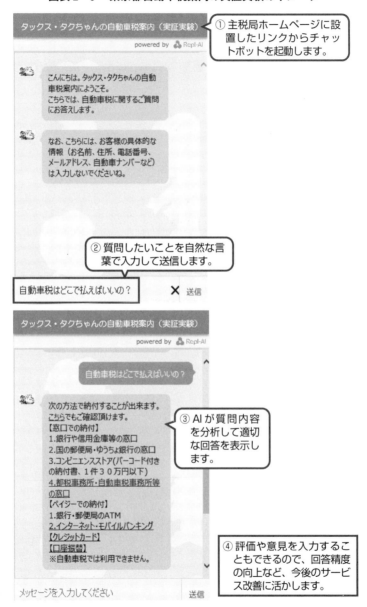

出所：東京都ホームページより

■東京都における納税者向けサービスへの AI 導入

　東京都が注目したのは納税分野だ。納税は、金銭に関わるため間違いのない手続きが求められる、制度の関係で手続きには専門的な知識が必要になる、制度の変更により手続きが変わる、対象者が多い、納税分野が多岐にわたる、などから行政機関としても厚めの人員体制を取らざるを得ない業務である。一方、税金を納める住民の側では、年に一度、あるいは自動車などの購入時など特別な場合にしか関わらない上、専門的な知識が必要な手続きなので、企業の担当者でもない限り手続きを完全に理解していることはまずない。官民双方から見て、AI の導入が期待される分野の一つと言える。特に他府県に比べ圧倒的に多くの納税者を抱え、他地域からの移入者が多い東京都ではこうしたニーズが高いはずだ。

　東京都主税局は2018年 5 月から納税に関する問い合わせに対する AI による自動応対の実証実験を開始した。東京都主税局は実証実験の実施に当たり協力事業者を公募して 3 社を選定し、5 月には NTT データ・グローバル・テクノロジー・サービス・ジャパンの協力により「自動車税に関する問い合わせ」を、6 月には日本オラクルの協力により「納税や納税証明の問い合わせ」を、7 月には日立製作所の協力により「主税局ホームページのコンシェルジュ」に関する実証実験を行った。いずれも、納税に関する質問等がある住民が主税局のホームページに設置された実証実験のリンクからチャットを起動し、問い合わせの入力欄に聞きたいことなどを入力すると、AI が入力内容を分析して、主税局が用意した回答のデータの中から適切なものを選んで回答するというものだ。回答が終わると、AI が提示した回答が問い合わせをした人にとって役に立ったかを確認する仕組みになっている。

　納税に関する問い合わせは年度の始めに集中するため職員だけ

第 2 章　進む実証実験と実用化 ｜ 53

で対応するのは大変だ。AIを使えば、基本的な問い合わせは処理してくれるので職員の負担は下がる。納税者から見ても、24時間対応してくれるので便利だ。

■ 確実な成果とさらなる広がり

　分野を特定したAIの導入では、地域住民からの定型的な問い合わせへの対応について確実な成果が確認されたと考えられる。中には、行政や住民が感心する対応もあったようだ。横浜市の取り組みを見ると、ごみ分別のような地域住民への知識の普及や関心の喚起が必要な分野については、啓蒙や教育といった効果も期待できる。特定の分野の業務を担当する自治体の部署は長い経験で培われた知見を蓄積している。それをデータ化してシステムに取り込んでいけば、AIが対応できる範囲は一層広がっていく。理論的には、熟練の職員の対応に近い応答ができるようになることも期待できる。また、東京都墨田区に導入されたシステムのように動画を入れるなど工夫をすれば、これまで職員が電話で対応していたよりも分かり易い説明ができる。

　日本ではどの自治体でも今後、海外からの移住者が増えることが予想される。彼等は日本の制度や各地域の中でのルールを知りたいと思っている。しかし、中には日本語に不慣れな人もいるから、動画やイラストを使うことの効果は一層大きくなる。一般市場を見ても、WEB上のサービスは他のルートに比べてアイデアが出る頻度が高くなる。アイデアを広く募るようにすれば、システムはどんどん使い易くなる。その意味でAIを使った対話機能は、今までにない官民協働で育て上げるシステムとなる可能性がある。

　今回、横浜市はごみ分別、東京都は納税の分野でAI導入の実証を行った。こうした分野では、行政内で蓄積された知見を活か

して地域住民からの定型的な問い合わせに対応することができ、データの充実や新しい機能の追加により、行政から見れば効率化や政策効果、地域住民から見れば利便性の向上に資するシステムが作れることが分かった。同じような成果が期待できる分野は、教育、介護、医療、あるいは観光行政、産業行政など数多い。

3 保育所利用のための最適マッチング

■ もう一つの待機児童対策

　AI を活用したサービス改革が期待される分野の一つに保育所対策がある。共働き世帯の増加により、都市部の多くの地域で保育所の不足が問題になっている。近くに保育所がないことは働くお母さんにとって大きな負担となる。便利なところに保育所を増設するのが根本的な解決策だが、用地の確保や施設の建設に長い時間と費用がかかる上、人手不足の下、職員の確保も大変だ。また、将来保育所のニーズが減った場合、稼働率の低い資産を社会として抱えることにもなる。

　保育に関わる負担を減らすための施策は保育所の増設だけではない。空いている保育所の探索、申請などに関わる手間や時間の負担も大きい。また、施設の稼働率を上げることで保育所の実質的な収容人員を増やすこともできる。IT を使って保育所と子供を持つ家庭のマッチング機能を高めれば、こうした課題を緩和することができる（図表 2 - 6 ）。

　民間の分野では集客施設、交通機関、イベントなどでマッチングシステムが導入されている。マッチングシステムを導入すると、需要と供給のマッチングにかかる時間を短縮できる、施設やサービス供給体制の稼働率を高めることができる、特定の仕組みに従ってマッチングが行われるため透明性や説明性が高まる、といった効果が期待できる。既に民間分野では収益性を高めるために欠かせないシステムとなっている。

　マッチングシステムは AI の導入により効率性や精度の一層の改善が期待できる。サービスを提供する側では利用者の希望と施

図表 2-6　一般的な保育所マッチングフロー

（事前処理）
- 保育所への入所申請書による希望の取得（年齢、入所タイミング、入所施設・希望順位等）
- 優先順位に基づく採点（介護・看護や兄弟の有無、納税状況など）

（振分計画立案）
- 優先順位の最上位の児童を抽出し、保育所の空き枠に希望に応じて割り振り
- 優先順位に従い順次設定し、近所の保育所に空き枠がなくなった場合、希望順位に従って順次近隣に設定
- 保育所がいっぱいになってきたら、同じ優先順位ポイントの中でも、兄弟バラバラなら辞退などの詳細条件を加味して空きのある保育所とのマッチングが高い児童を優先するなど、条件の詳細を評価して割り振りを設定
- 全体の設定が終わったらバランスを見て設定を見直し

（振り分け実施）
- 児童と保育所のマッチングの決定

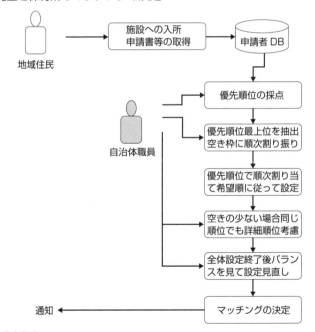

出所：著者作成

第 2 章　進む実証実験と実用化 ｜ 57

設等の稼働状況をマッチングさせる手間が大幅に減る。利用者の希望条件と施設等の条件を整合させることが容易になるので利用者の満足度も上がる。余裕のある施設等を素早く紹介することができるので稼働率も上がる。利用者から見ても、申請書を取り寄せ、記入、提出する手間が省ける上、申請時間に拘束されることもなくなる。官民双方にとってサービスの改善が期待できるシステムだ。

■ さいたま市における導入事例

　人口100万人を超える政令指定都市、さいたま市には約8,000人の保育所利用者がいるとされる。こうした需要に応えるために、約300の保育所が立地している。これだけの数を対象に利用者の希望を把握し、公平を期すために申請の順番を確認し、施設の立地や入居条件と整合させ、施設の稼働率を上げるのには膨大な手間がかかる。こうした市民のニーズと保育所の状況を調整するために要する時間は年間で延べ1,500時間にも達していたという。さいたま市の業務時間の想定は控え目なほうで、他の政令市では桁違いの時間を要しているところもあるという。

　さいたま市が実証したシステムは、利用者の複数のニーズを踏まえて保育所利用の最適解を提示してくれる（図表2-7）。

　例えば、保育所AとBに各々2名ずつの空きがあり、二つの家族に兄弟が二人いて、両家族ともできれば兄弟を同じ保育所に入れたいと考えている。一方で、両家族とも、できればA保育所に子供を入れたいと考えているが、兄弟一緒に入れるのならB保育所でも良いと考えている、というケースを想定する。

　こうした複数の条件がある入所を人間が調整しているとかなりの手間がかかるが、AIに優先順位のアルゴリズムを与えておくと瞬時で最適解を導き出してくれる。さいたま市では、AIの調

図表2-7　さいたま市のAIを活用した保育所のマッチングシステム

2組のきょうだい（①④と②③）の利得表

②③＼①④	第1希望 Ⓐ Ⓐ	第2希望 Ⓑ Ⓑ	第3希望 Ⓐ Ⓑ	第4希望 Ⓑ Ⓐ
第1希望 Ⓐ Ⓐ	0 / 0	3 / 4	2 / 0	1 / 0
第2希望 Ⓑ Ⓑ	4 / 3	0 / 0	0 / 0	1 / 0
第3希望 Ⓐ Ⓑ	0 / 2	3 / 0	2 / 2	1 / 2
第4希望 Ⓑ Ⓐ	4 / 0	0 / 1	2 / 1	1 / 1

【例：簡易なモデル】
・保育所A（空き2名）と保育所B（空き2名）がある。
・X家兄弟（子ども①、④）とY家きょうだい（子ども②、③）が入所を希望。
・入所の優先順位はこども①＞②＞③＞④の順である。
・X家、Y家とも保育所Aが第一希望だが、きょうだいで保育所が分かれるよりはきょうだい揃って保育所Bになる方を希望。

 利得が最も高くなる組合せを瞬時に導出し、こどもの優先順位を踏まえて最適解を即座に判断

出所：総務省資料（九州大学プレスリリース（2017年8月30日）及びNHK WEBサイト等を基に総務省作成）

整結果は市の職員が行った調整の結果とほぼ一致したとされる。効率化の面でも、1,500時間かかっていた調整時間が数秒で済むようになったという。その分、職員は調整以外の業務に時間を配分できるようになるので、市としては人材の効率的な配置が可能になるし、職員の負担も減る。また、市民の側から見ても、入所の可否が早く分かるので、入所できた人は早期の復職が可能になり、入所が難しかった人は市に対して他の手段を求めるなどが可能になる。AIを使ったマッチングの円滑化は市職員、市の管理者、市民がメリットを享受できる三方良しの施策と言える。

■札幌市の取り組み

　札幌市では、これまで保育園の施設情報や空き情報がPDFで公開されていたり、別々のファイル形式で公開されていたりと、データとして活用しにくい状況にあったが、機械判読しやすい形で公開するようにした。これにより民間事業者が保育園の所在地、開園時間や空き情報をマップ上で一元的に確認できるサービスを提供できるようになった。

　札幌市では、地域の課題を「コード（コンピュータ上に書かれたプログラム）」によって解決していこうとするコミュニティCode for Sapporoがオープンデータ（制限なく利用できるデータ）を活用して「さっぽろ保育園マップ」を作成した。認可、認可外保育園がマップ上に表示され、利用者はマップ上のアイコンをクリックするだけで開園時間や空き情報を確認できるというシステムだ。自治体が全ての情報サービスを提供するのではなく、データとして利用しやすい形にすれば、最近では民間が使いやすいサービスを提供してくれることを示す事例と言える。

　こうした先行的な動きを受け、国は「保育所利用調整業務へのAI活用」を全国の自治体に展開すべきシステムの一つとして位置付け、システムの実装に関わる初期投資や連携体制の構築等のための経費を補助するなどの支援策を検討している。地域住民が保育所を使いやすくするためのAI活用は今後確実に増えていくはずだ。

■期待できる大きな効果とAIだけでは解決できない問題

　少子高齢化あるいは人口減少が進む中、女性が働きやすい環境作りは国を挙げた重要な政策テーマとなっている。自治体の立場で見れば、こうした環境を作ることが住民、特に働き盛りの年代の世代を惹き付けるための重要な施策となっている。さいたま市

の例を見ると、AIを使ったマッチングは住民の様々なニーズを受け取って調整しなくてはいけない立場に立たされる自治体職員の負担を下げることが期待できる。

保育所の確保が切実な問題となっている住民からは、入所判定に対するクレームが少なからずあるはずだ。そこで、職員一人ひとりの判断が問われるとなるとストレスも増す。AIを導入して自治体としてオーソライズされたアルゴリズムで判定が行われれば、こうした職員のストレスも軽減されるはずだ。逆に言えば、AIを導入する自治体としては説明性のあるアルゴリズムをいかに設定するか、住民ニーズや施設の状況に合わせてどのようにアルゴリズムを改善していくかが問われることになる。

住民のニーズと保育所の運営状況の調整に関する時間的な負担とストレスが軽減された自治体職員の能力は、他の業務に振り向けることができる。財政制約や人手不足で職員の確保がままならない業務があれば、当該業務の職員を充実することもできるだろう。一方、働く女性の子育て支援を充実するために能力を発揮してもらうという選択肢もある。保育所運営に関わってきた職員であれば、そうしたほうがモチベーションを上げられる可能性もある。

保育所入所に関する住民ニーズと施設運営のマッチングは重要な施策だが、働く女性支援施策の中の一部である。AIにマッチングを任せた後、支援策をどのように充実させていくかを考えていかなくてはいけない。住民ニーズの把握、判定を受けた住民の評価のモニタリング、上述したアルゴリズムの改善、あるいは他の施策等々取り組まなくてはいけない施策は多い。

第2章　進む実証実験と実用化　61

4 戸籍業務に AI を活用

■ 専門性の高い分野への適用

　戸籍は様々な行政サービスの基礎となるデータである。一般市民にとっては日常接する機会の少ない情報だが、近年戸籍情報に関する自治体職員の業務が増えているという。大阪市では市のコールセンターへの問い合わせで最も多いカテゴリーの一つで、問い合わせ全体の約10%を占めるという。

　戸籍に関する問い合わせが増える背景の一つにグローバル化がある。戸籍は、「国民の身分関係を明らかにするための夫婦およびこれと氏を同じくする子を単位として編成され、その本籍・氏名・生年月日・入籍原因などを記載する公文書」（広辞苑）とされているから、国際結婚が増え外国人が入籍するとなると、どのように記載すればいいかを確認したいはずだ。

　従来、戸籍に関する特殊なケースは長く業務を経験したベテラン職員が自らの知見や調査力で対応していた。それでも解決策を見つけるまでには何日もかかったという。管轄の法務局への問い合わせといった専門的な知識を要する業務も必要になる。今後ベテラン職員が定年で大量に退職する時期を迎えると、特殊ケースに対応することが困難になる可能性も否定できない。一方で、グローバル化は今後一層加速するだろうから、日本人主体に作られた戸籍のルールの中での特殊なケースはますます増える傾向にある。

　こうした状況を解決する手段として期待されるのが AI だ。住民からの問い合わせの内容に応じて、特殊ケースの際の判断に必要となる情報を蓄積しておき、AI で対処方法を判断することが

期待できるからだ。

■ 大阪市の戸籍業務への AI 導入の例

大阪市は「ICT でできることは原則的に ICT を活用する（デジタルファースト）」の方針の下、行政サービスへの AI の導入を検討している。その中で取り組んでいるのが知識検索型 AI を活用した戸籍業務への AI 導入だ。知識検索型 AI とは、文書の意味を認識する AI と文書の意味を検索する AI を組み合わせたシステムだ。まず、前者で文書と単語の関係性を学習した AI が、問い合わせの中に含まれる単語と AI が学習した文書の類似性を統計的に処理する。その上で、後者の AI が業務の中で使用している単語と AI が学習した文書に記載されている単語の違いを補完して問い合わせに対する回答案を検索し、戸籍業務に関わっている職員に提示する。

こうしたシステムを用いることで文章による対応が可能になるので、専門用語を知らなくても回答の検索が可能になる、AI のデータとなる辞書や文章のメンテナンスの工数が大幅に削減されるといったメリットが得られるとされる。AI が提示する回答に対してシステムを利用している職員が寄せるフィードバックを反映すれば AI の学習精度が進む、という自律的な成長が期待できることも強みだ。

大阪市では2018年の3月に東淀川区と浪速区でモデル運用を開始して効果を検証した後、市内全区への展開を検討するという。そのためのシステムは富士通が提供する。全区に展開されれば、職員の負担が軽減する上、住民から見ても戸籍に関する問い合わせへの対応内容が平準化して信頼性が増す、という効果が期待できる。

第 2 章　進む実証実験と実用化 | 63

■効果を発揮する知見の蓄積と学習期間の必要性

　自治体から住民に対するサービスの多くはほとんどの一般の自治体職員の知識で処理できるものだ。しかし、中には滅多にないケース、構造的に複雑なケースなど、一般の職員の知識では対処が難しい業務がある。所管している地域で起こった事態である以上、そうした業務であっても対処しなくてはいけないのが自治体であり、そのための機能を維持してこそ住民の信頼を得られる。自治体は高度に専門的な知識を要する業務の処理のために、経験豊かな職員を、時には一般の異動ルールから外れてでも維持してきた。

　ベテラン職員の引退でこうした対処が難しくなった上、グローバル化やダイバーシティで特有の事情を抱えた住民が増え、高度に専門的な知識を要する業務は増える環境にある。逆に言うと、グローバル化やダイバーシティを受け入れる以上、レアケースにも対応できる体制作りは今後の日本社会にとって欠かせない社会インフラ上の課題と言える。専門知識を持った職員が全国的に引退の時期を迎える中で、その人達の持っている高度な知識をシステムに落とし込むことは急務となっている。こうした観点で大阪市の戸籍業務の取り組みへの期待は大きいと言える。

　課題は対象が高度な知識を要する専門的な業務であるため、AIの効果を上げるためには、一般の問い合わせを対象としたシステムより、学習期間を要する可能性があることだ。AIにインプットする専門的なデータを用意する労力も大きくなるだろう。その上で実効性のあるシステムを立ち上げるためには、継続的な取り組みが求められる。全国にはグローバル化が進み、同様の課題を抱えている自治体も少なくないはずだから、自治体同士の協力を含めた体制ができることを期待したい。

5 渋滞緩和に AI 導入

■ 先進的な交通システムをさらに向上させる

　海外からの旅行者が3,000万人に迫り、観光は人口減少、需要停滞に悩む日本経済の希望の一つとなっている。一方で、日本人、外国人を問わず、日本を旅行する多くの人が不満を持っているのが交通渋滞である。連休にもなれば高速道路は大渋滞、高速を降りても観光地に近づくと再び渋滞が始まる。せっかくの休みの時間の大半が車の中、ということも珍しくない。交通渋滞は日本の観光資源の価値を低下させる重大な問題だ。

　渋滞の解消には道路を新設するのが効果的だ。しかし、そのためには10年を超える時間と多額の費用がかかるのが普通だ。観光地などでは、道路建設が景観や自然を害する可能性があるという矛盾もある。

　道路建設を伴わずに渋滞を解消するための最も有効な手段が自動車交通のインテリジェント化だ。この面で日本は世界的にも先進的な位置にある。信号システムは世界最高レベルにあると言われる。高度道路交通システム（Intelligent Transport Systems：ITS）は、道路各所に取り付けられた情報や交通関連機関から寄せられた情報に基づいてドライバーに渋滞、所要時間、事故・故障車・工事、速度規制・車線規制、駐車場・サービスエリア・パーキングエリアなどに関する情報を提供している。これらの情報により、自動車の安全性や運行の効率化が向上する。今やITSなしに日本の自動車走行は成り立たないと言ってもいい。日本の自動車交通の環境がいかに優れているかは、海外に行ってみるとよく分かる。

第 2 章　進む実証実験と実用化　65

日本が長年かけて築き上げてきた交通システムの機能を一層向上させるのがAIだ。AIを導入することで、まず、収集される情報が高度化される。画像情報処理の技術が上がったことで、これまでデータ化できなかった道路周辺に設置されたカメラの画像情報をデジタルデータ化し、分析できるようになった。また、得られた情報をAIで分析することで、これまでより精緻に渋滞発生を予測したり、渋滞を緩和する策を見出したりすることができるようになる。観光地では焦点を絞ったエリアでの予測で、より効果的な情報提供も可能になる。

　こうしたAIによる交通情報の高度化を渋滞緩和などに活かそうとする事例が出ている。

■AIを使った渋滞緩和策の先進事例（軽井沢町・京都市）

　長野県軽井沢町は年間約850万人の観光客が訪れる国内屈指の観光地だが、最近では観光シーズンでの町内あるいは周辺地域での渋滞が深刻になっている。これまでも車線の改善やパークアンドライド（都市の外縁部に駐車場を作り、そこから公共交通を使って都市内に移動する仕組み）などの対策は打ってきたが、観光客が増えたこともあり、顕著な改善は見られなくなっている。そこで、ETC2.0（道路側に設置された通信アンテナと車載器との通信により、交通情報、運転支援サービスが受けられるシステム）、AIカメラ、高度化光ビーコン（車載器と双方向の通信を行う大通信容量の道路側装置）などの先進技術から得られる情報により、渋滞をリアルタイムで把握して自動車利用者に提供することを検討している。これにエリアプライシング（特定地域内の自動車の走行に課金することで交通状況や環境等の改善を図る施策）などによる自動車を適切な場所に誘導する施策を合わせることで効果を高めることを狙っているようだ。

66

図表2-8 長野県軽井沢町のICT・AIを活用した観光渋滞対策

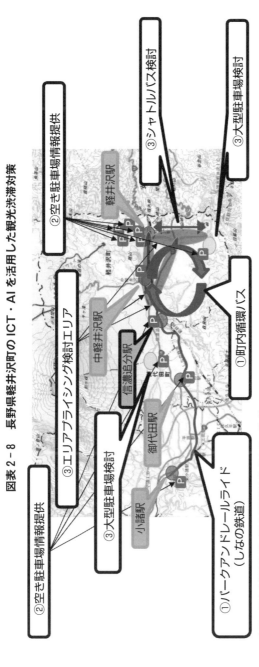

出所：国土交通省資料（軽井沢町提出資料を基に作成）

第2章 進む実証実験と実用化 | 67

軽井沢町以上に渋滞に悩むのは年間5,000万人以上の観光客を受け入れている京都市だ。観光シーズンの有名観光地付近の渋滞は深刻で、一部の観光客を遠ざけるようにもなっている。場所によっては自動車だけでなく人の渋滞も起こっている。近隣住民や事業者にとっては、生活や営業活動さらには緊急時対応などに支障を来しかねない深刻な問題だ。これまでもパークアンドライドの導入、駐車場の活用や抑制、最適な移動経路を検索できる無料の検索システムの提供などを行い、ロードプライシング（特定の道路の利用に対して課金することで、効率的な自動車の利用や代替手段の利用を促し自動車の流れを整理するための施策）の検討も行ってきた。それでも深刻な渋滞は解消されない。

　今後は最新の情報機器や AI を導入することで一層の効果を目指す。具体的には ETC2.0を使って、渋滞の原因となるポイント等の情報収集力を高めてドライバー等により役立つ情報を提供する、AI カメラを使って人間の滞留状況や経路などを分析する、などの対策を検討する。

　同じように毎年多くの観光客が訪れる神奈川県鎌倉市、兵庫県神戸市でも、ICT・AI を活用した渋滞対策を検討する。

　国土交通省は2017年から「観光イノベーション地域」の公募を開始しており、既存技術や新たな要素技術を用いた観光地での実証を行い、効果のあるものを他の観光地に展開していく意向だ。先行した地域で培われたシステム構築と運用のノウハウが全国に展開されれば日本の観光地の魅力向上に貢献するはずだ。

■ 注目を集める技術革新と課題

　自動運転が注目されているように、交通分野は AI を始めとする革新技術の導入が最も期待されている分野である。それだけ社会に与える影響が大きく、官民合わせて巨額の資金が投入されて

図表 2-9 （仮称）鎌倉ロードプライシングの概念とシステムイメージ

（仮称）鎌倉ロードプライシングの概要

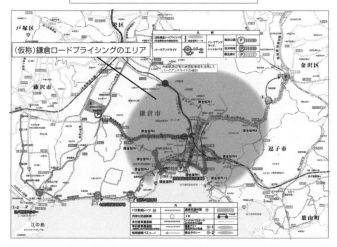

課金箇所等の場所は決定したものではなく、今後詳細を検討する

システムのイメージ

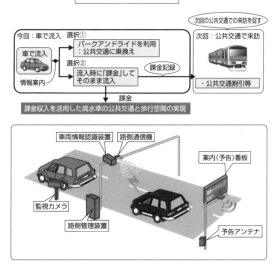

出所：国土交通省資料（「鎌倉地域の地区交通計画策定に向けた中間とりまとめ（2015年3月）より抜粋

いるからである。自動運転の場合、革新技術は三つのステップで導入される。一つ目はカメラやレーダーにより精緻な情報を取得するステップ、二つ目は得られた情報をAIで分析し自動車をどのように運行すべきかを決めるステップ、三つ目はそれにしたがって自動車の走行を制御するステップである。現在は初期的な自動運転技術の導入段階だが、それでも衝突防止などで大きな効果が出ている。

　交通渋滞の緩和でも、①これまで以上の精緻な情報を取得し、②その情報を使って渋滞の緩和策を決め、③緩和策を実行する、というプロセスを経るから問題解決の大きな枠組みは自動運転と変わらない。ITS、VICS（Vehicle Information and Communication System：道路交通情報通信システム）が効果を上げてきたように、取得する情報を豊富にすればするほど、精緻な分析に基づく情報提供を充実すればするほど、渋滞緩和等の効果が上がることは間違いない。

　一方で、渋滞対策が自動運転より難しいのは、第3ステップの取得情報に基づく対策の実行が、自動運転では機械的に処理されるのに対して、渋滞対策ではドライバーや交通機関利用者の判断に委ねられることだ。いかに分かりやすい情報をタイムリーに届け、それを活用しようと思ってもらうかを検討しないといけない。ロードプライシングはそのための有効な手段だが、例えば、商業・観光施設と協力した施策なども検討できる。

　対象者が多いことも課題だ。自動運転ではAIが出した運転操作を一つの自動車が実施すればよいが、渋滞は大勢のドライバーや交通利用者によって発生するものだから、人の動きをどのように適正化するかを考えないといけない。例えば、渋滞緩和のための新たなルートがあったとしても、全員がそこを選択すれば新たな渋滞が発生する。場合によっては対策前より悪化することもあ

り得る。こうした事態を防ぐためには、対策情報を提供する先を選択することも必要になる。その際、提供先をどのように選択し、どのような手段で情報を届けるかが課題になる。

　AIを始めとする革新技術が交通渋滞という社会的損失を解消するために効果を発揮するのは間違いないが、より効果的なシステムを立ち上げるために検討しなくてはいけないテーマは山積みだ。

6 Ｉターンに AI を活用

■ 困難なマッチングを容易にする

　高齢化と人口減少は日本全体が直面する問題だが、一足先に高齢化と人口減少が顕在化した地域では、域外からの人口流入に期待するところもある。また、居住地として人気があるなどの理由で、域外から多くの人が移住する地域もある。移住する場合、民間の不動産会社に引っ越し先を紹介してもらうのが一般的だが、不動産業者が少ない場合、地域として積極的に移住を進めたい場合、あるいは地域の魅力を十分に理解してもらいたい場合などには、自治体が移住先を探すのを支援することが効果的だ。

　新しい土地で気に入った移住先を見つけ出すのは簡単ではない。その土地に住んだことのない人なら、年間を通した自然環境に関する知識も不十分だろう。生活を考えると、交通インフラ、病院、学校、保育所などの施設、商店、最近では災害リスクなどに関する情報に多くの人が関心を持つだろう。その上で、どのような雰囲気の街なのか、どのような人が住んでいるのか、など住むとなると収集しなくてならない情報は尽きない。移住の支援とは、こうした情報に関して、移住を希望する人のニーズと移住先の条件をマッチングすることに他ならない。

　これらの情報について移住を希望する人のニーズと移住可能な場所の条件をマッチングするには大変な手間と時間がかかる。そこで、ニーズの収集から基本的な条件の整理やマッチング、候補の抽出までを AI がこなしてくれれば、マッチングをする職員の負担も下がるし、負担が下がった分だけ移住の希望を持った人へのサービスやコミュニケーションを充実することができる。

■ 福岡県糸島市の移住支援への AI 活用

　福岡県糸島市は県の最西に位置し、北に玄界灘、南に美しい山々を抱く自然環境に恵まれた自治体である。福岡市にも比較的近いこともあり、住みたい町として人気が高く移住を希望する人も多い。2000年くらいまでは人口が順調に伸びてきたが、ここに来て頭打ち傾向から減少に転じつつあるので、こうした人気を捉えて地域の活力を維持したいところだろう。

　移住を希望する人を受け付けるには、希望する人のニーズを正確に把握すると共に、受け入れる地域の事情を理解してもらう必要がある。また、希望する人の年齢や家族構成などによって求める条件も異なる。これらを踏まえて移住を希望する人と移住場所を適切にマッチングするには経験に基づいた知識やノウハウが必要になる。糸島市は市域が広いため、提供する移住先の条件も広くなる上、マッチングが上手くいかなかった場合のずれも大きくなる可能性がある。

　2016年から九州大学と富士通研究所は共同で、福岡県糸島市でのAIを活用した移住を希望する人と移住先のマッチングを支援する実証実験を行った。この実験では富士通のAI技術「Zinrai（ジンライ）」が用いられた。移住を希望する人の属性や好みを数理モデル化することで、移住先の条件とマッチングする。マッチングの精度は移住を希望する人のデータと移住先のデータが積み重ねられるほど上がっていく。ただし、AIはあくまで、市の担当者が移住を希望する人と対話する際のサポートを行う、という位置付けだ。

　2016年の11月には東京でAIを使った移住相談会を開催した。希望者のニーズが曖昧だと必ずしも満足のいく条件が提示されないという課題もあったとされるが、データを積み重ねていけば精度が増すのがAIの特徴だから、過渡期には担当者の経験でAI

図表2-10 糸島市の移住希望者と移住候補地の適切なマッチングの実証実験

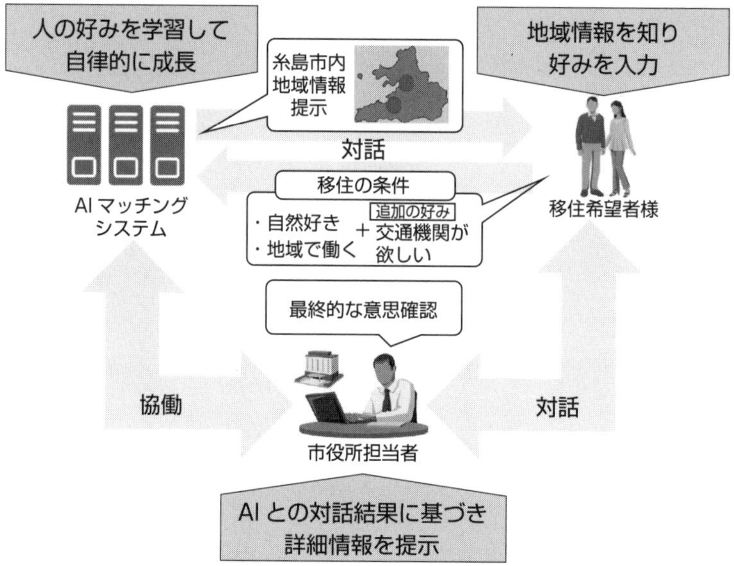

人の好みを学習して
自律的に成長

糸島市内
地域情報
提示

地域情報を知り
好みを入力

対話

AIマッチング
システム

移住の条件
・自然好き
・地域で働く

追加の好み
＋交通機関が
欲しい

移住希望者様

最終的な意思確認

協働

市役所担当者

対話

AIとの対話結果に基づき
詳細情報を提示

出所：2016年8月24日九州大学、福岡県糸島市、富士通研究所プレスリリース

をカバーしてAIを育てていく、という捉え方も必要だ。それが中期的に見れば移住を希望する人のニーズを充足し、職員の負担を下げることにつながる。

■ いろいろな分野への展開とAIの構築期間

　移住のニーズはいろいろな形で顕在化する可能性がある。糸島市は大都市福岡への近接性と自然環境などで、住みたい町として域外からの移住ニーズがあるが、日本中の地域でこれから増えるのは、海外からの移住者だ。海外の人が日本の特定の地域について、上述したような様々な条件を確認するのは非常に大変だ。そこで、今回実証されたようなAIを備えたサービスを提供してくれる自治体があれば心強いだろうし、AIが成長してくれば住ん

でからの満足感も高まるはずだ。これからは日本が来て欲しいと思っている人材は他の国からもお呼びがかかるだろう。こうしたサービスがあることが海外の人材を惹き付け、地域を活性化する手段の一つにもなる。

　大学などを抱える地域では、大学生が住む場所を選ぶ際のサポートになる。女子大生を抱える家庭などでは、自治体が AI を活用して住む場所を選ぶためのサポートをしてくれたら心強いのではないか。民間サービスと競合するかもしれないが、観光客が宿泊場所や観光ルートを選ぶためのサポートにも同じようなシステムを適用することが可能だ。

　このように移住を希望する人と移住先のマッチングのシステムはいろいろな分野に展開できる可能性がある。課題は AI をどのように進化させるかである。例えば、保育所のマッチングなどに比べると、利用者数が限られる地域が多い上、移住者のニーズが多様だから、AI が進化するのに時間がかかる可能性がある。その分、担当者が AI の機能を補完し、AI を育てていく時間が長くなる。各々の分野での成果と展開の可能性を考えれば、AI を育てるために費やされた時間が移住したい人を惹き付けることにつながっていく、という理解を持って取り組むことが大切だ。

第 2 章　進む実証実験と実用化　｜　75

第3章

AI化される自治体業務

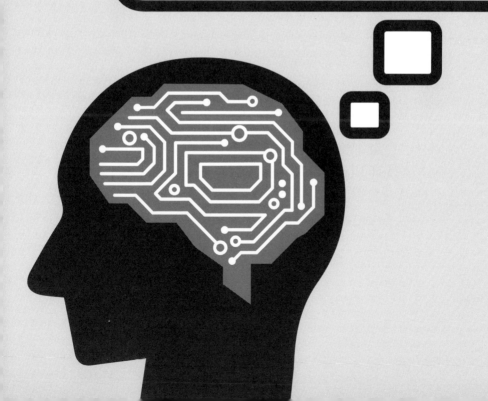

1 定型的な事務業務
──RPAの普及で効率化進む

■オフィスワークの生産性向上で注目されるRPA

　労働力人口が減少する中、競争力を維持するには生産性を向上するしかない。オフィスワーカーの生産性向上ツールとして注目が集まっているのが、RPA（Robotics Process Automation：ロボットによる業務自動化）である。

　RPAは単純なオフィス業務を自動化するシステムで、データ収集、入力、加工、集計、保存といった定型的なパソコン端末操作をロボットが代行する。「ロボット」とは呼ばれてはいるが、ソフトウェアである。エクセルのマクロファイルのように、人が定義したルールに従って、アプリやソフトを自動で操作し、反復処理する。作業時間が大幅に短縮できるだけでなく、人為的なミスがなくなり、業務の品質向上も期待できる。

　RPAは、システムを組むほどではないため仕方なく人力に頼ってきた単純な業務の自動化を可能にした。歓迎したのは金融機関や保険会社のような単純な事務処理の多い企業だ。RPAに「日生ロボ美」という愛称をつけ、辞令まで交付するなど、RPAを社員扱いしていることで話題となった日本生命は、2010年に検討を開始し、2014年12月に最初のRPAを導入した。

　日本生命が最初にRPAを導入した業務は、銀行が代理店となって保険商品を販売する銀行窓販での契約者情報の登録・変更作業だ。銀行窓販は成長が見込まれていた営業チャネルだったが、担当する金融法人契約部は他部署に比べてスタッフ数が少ないため、本格的なシステム構築は行わず、保険加入者から送られてくる書面をスタッフが1件ずつ手入力をしていた。これをRPAに

より自動化した。

　当初２台の PC から始まった RPA は、2018年３月末現在では６台に拡大し、対象業務も26業務に増えた。RPA 導入に当たって、契約者情報を自動で読み取れるように書類のフォーマットや業務フローの見直しを行うなどの作業が必要となったが、入力ミスがないよう二重体制で行っていたチェック作業が不要になるなどの効果が得られた。その結果、６台の PC が行う業務量は20人分の働きに相当するようになったと言う。

＊

　RPA には三つの段階がある。第一段階（Class1）は、定義されたルールに従って自動処理するだけの狭義の RPA であり、定型化された作業の自動化しかできず例外対応はできない。なお、Class1 の RPA は AI と呼ばれていない。

　第二段階より上位の RPA には AI が用いられる。第二段階（Class2）ではディープラーニングや自然言語処理、テキストマイニングといった AI を組み合わせ、音声など電子データ化されていない非構造化情報にも対応することで、非定型業務の一部自動化を可能にする。さらに高度な AI を用いることで、作業の自動化のみならず、プロセスの分析・改善や意思決定まで含めた、高度な自律化を可能とするのが第三段階（Class3）である。

　Class2、Class3は広義には RPA であるが、Class2には EPA（Enhanced Process Automation）、また Class3には CA（Cognitive Automation）と別の呼び名もつけられている。日本生命が導入した Class1の RPA では、スタッフが例外処理を行っている。AI を導入してさらなる自動化を行うかは今後の検討だという。

第3章　AI 化される自治体業務　｜　79

■RPAで自動化できる自治体業務

　自治体には定型的な事務業務が多いから、Class1のRPAが導入できれば大きな威力を発揮するはずだ。そのため、金融機関等を中心にRPAが導入されRPAへの関心が高まった2017年頃から、自治体にもRPAの導入が提案されるようになった。日本RPA協会は、2017年11月、「RPA自治体支援プログラム」を発表して、自治体へのRPA導入の支援を開始している。その影響もあってか、2018年度になって実際にRPAの導入を宣言する自治体が現れ始めた。

　先鞭をつけたのは茨城県つくば市である。2018年5月、つくば市は、「自治体で全国初：RPAで働き方改革。対象業務で約8割の時間削減」というタイトルのリリースを打った。2018年1月〜4月にNTTデータ、クニエ、日本電子計算と行った共同研究の成果を発表したもので、市民税課の5業務（新規事業者登録や電子申告の印刷作業等）と市民窓口課の1業務（異動届受理通知業務）の全6業務（図表3-1）で3ヶ月間RPAを使用したところ、労働時間を約8割削減できたという。職員からも、「入力・確認作業の負荷を軽減できた」「単純な事務作業に使っていた時間を他の業務に回せるようになった」など、評判は上々だそうだ。この研究成果を踏まえ、つくば市は2018年度中にRPAを導入する考えだ。

　つくば市では、上記の6業務を選定するに当たって、全庁職員に対して業務量削減のニーズを把握するためのアンケートを行っている。「膨大な業務量により時間がかかる業務」をヒアリングした結果、削減対象となる業務は以下のように類型化された。

　1．入力・登録作業
　　システム上にデータを入力、登録する作業全般
　2．資料作成作業

図表 3-1　つくば市で RPA 導入の研究対象となった業務

項番	対象業務		業務概要
1	個人住民税	事業所の新規登録業務	事業所から送られてくる新規事業所データを基幹系システム(事業所新規・宛名管理)へ登録する作業。
2	個人住民税	回送先情報の登録業務 (eLTAX 給報)	指定番号よりデータ連携システムに回送先情報 (市町村コード・回送先住所) を登録し、更新する作業。
3	法人市民税	法人市民税の電子申告印刷業務	eLTAX 審査システムの申告書を印刷する作業。(出力枚数により集約印刷を実行)
4	法人市民税	法人市民税の電子申告審査業務	eLTAX 審査システムの一括審査及び審査漏れデータを更新する作業。
5	個人住民税	納税通知書・更正決議書・宛名封筒の印刷業務	年税額増減により、納税通知書・更正決議書・宛名封筒各対象を区分し、それぞれ印刷する作業。
6	市民窓口業務	異動届受理通知業務	住民からの届出に基づき住所変更の手続きを行った際、本人確認書類が不足している届出者について、本人の意思に相違がない届出であるかを確認するため、変更前の住所地に「受理通知」を送付する作業。

出所：『RPA を活用した定型的で膨大な業務プロセスの自動化共同研究実績報告書』(つくば市・NTT データグループ、2018年5月) P. 18の表を転載

　　庁内または庁外向け説明資料、発表資料等の作成作業全般

3．確認・照合作業

　　システム上の入力、登録結果や出力、印刷結果の確認作業全般

4．集計・計算作業

　　システム上から出力した結果や、該当データに関する集計・計算作業全般

5．検索・照会作業

　　システム上の該当データの検索、照会をする作業全般

6．整理・仕訳作業

　　受付した申請書等の該当データや印刷物の発送前の整理、仕訳作業全般

7．出力・印刷作業

システム上から、該当データの出力、印刷作業全般

8．加工・整形作業

出力データや入力データの加工、修正作業全般

9．調整・検討作業

入力、出力データに関する各種関係先との確認、承認を含めた連絡、調整作業全般

　以上のうち、「RPA 導入による効果が期待できる可能性が高い業務」とされたのは、「1. 入力・登録作業」と「3. 確認・照合作業」で、「内容次第で RPA には適用による効果が期待できる可能性がある業務」とされたのが、「4. 集計・計算作業」「5. 検索・照会作業」「7. 出力・印刷作業」「8. 加工・整形作業」である。そして、これらの作業にかかっている件数と処理時間が多い課室を処理時間の多い順に並べると、市民窓口課（94,000件、9,024時間）、介護保険課（46,300件、6,550時間）、消防指令課（91,000件、4,000時間）、国民健康保険課（28,056件、2,411時間）、人事課（10,200件、2,268時間）、財政課（10,285件、1,300時間）、資産税課（29,800件、1,300時間）であった（件数が10,000件以上で、かつ、処理時間1,000時間以上の業務を抱える課室のみ列挙）。

　自治体によって作業の名称や内容は異なるだろうが、住民窓口、介護保険、消防、国民健康保険、人事、財政、税務を担当する課室は、潜在的に RPA に適合する作業が多く、RPA により削減できる業務時間が多い部署と言えそうだ。

　つくば市の場合、研究期間である1月から3月がちょうど繁忙期に当たる市民税課を導入実験の研究対象とすることが決まっていた。これに件数・処理時間共に最多の市民窓口課を研究対象に加え導入実験が行われた。

■RPA導入の効果

　RPAによる自動化に適合しやすい入力・登録や集計・計算、確認・照合、検索・照会、出力・印刷、加工・整形などの処理は、もともとコンピュータなり機械なりが行っており、人間はそのインターフェースとしての機能を担ってきた。コンピュータの下働きを人間がしていたとも言えるわけだから、全てをコンピュータや機械に任せられるなら、それに越したことはない。人間がコンピュータや機械を支える本末転倒な状況が改善されることに文句を言う自治体職員はいない。つくば市のケースで職員がRPAを歓迎している背景にはこうした業務構造がある。

　自治体の職員は、日中は住民からの問い合わせへの対応や業務の調整に多くの時間が取られる。住民対応が役割の窓口担当部局はもちろんだが、例えば、書類仕事のイメージのある税務担当部局でも、納税通知書を送付すれば住民からの課税内容に対する問い合わせやクレームへの対応に追われる。こうした中で、入力作業をしていると、作業の中断を余儀なくされるので、能率は上がらないし、ミスや残業も増える。

　RPAはこのような自治体職員が置かれた状況の改善にも役立つ。単純作業に要する時間を削減することで、自治体職員本来の作業に時間を使えるようになるし、ワークライフバランスの改善も期待できる。

＊

　RPAの導入には、対象業務を見極めた上で、ロボットがデータを読めるようにデータフォーマットや業務フローを見直す等の準備作業が必要になる。本格導入前に実証実験をして効果を検証することも重要だ。こうした負担を軽減するために、総務省は、2019年度予算要求に、自治体のRPA活用を支援する項目を盛り込んだ（「地域におけるAI・RPA等の活用、オープンデータの

第3章　AI化される自治体業務　| 83

取組支援、非識別加工情報の提供に係る仕組みの検証等を通じた
データ活用の推進」として10.4億円を予算要求している）。国の
後押しも受けて、2019年度は、全国の自治体でRPA導入の動き
が活発化しそうだ。

2 税務——自動応答から資産評価まで

■税務分野で活用の始まったAI

つくば市でRPAの導入実験対象となった6業務のうち、5業務が市民税課の業務だった。自動化・コンピュータ化に馴染みやすい業務が多く、現場にも自動化・コンピュータ化に対するニーズがあるのが税務である。

オックスフォード大学のオズボーン准教授とフレイ博士が2013年に発表した論文「雇用の未来」(Carl Benedikt Frey and Michael A. Osborne, "THE FUTURE OF EMPLOYMENT： HOW SUSCEPTIBLE ARE JOBS TO COMPUTERISATION?")は、米国の700以上の職業について、今後10〜20年の間にコンピュータにとって替わられる確率を計算している。世界中で話題となったこの論文によると、確定申告代行業者(Tax Preparers)がコンピュータ化される確率は99％、税務審査官・徴税官(Tax Examiners and Collectors, and Revenue Agents)は93％である。税金を申告する側も、課税・徴税する側も、共に高い確率でコンピュータ化されることが予想されている。

この論文は、AIの脅威を論じる時によく引用されるものだが、AIの普及によって税務の仕事がなくなると考えるのは早計だ。連邦税法が74,000ページにも及ぶなど、複雑な税の体系を持つ米国では、AIはむしろ税務のプロフェッショナルを支援し、付加価値の高い税務サービスを提供するツールとして使われ始めている。例えば、税務コンサルティングサービス大手のH&Rブロックは、IBMと提携し、2017年2月から、IBMのAI「ワトソン」を活用した確定申告書類の作成代行サービスの提供を開始した。

第3章　AI化される自治体業務 | 85

AI が、データベースやインターネットの中から、必要な答えを探し出す質問応答機能に、AI の優れている点を活用しようとした例だ。74,000ページに及ぶ連邦税法の他、H&R ブロックの税務スペシャリストとクライアントとの数千件の質疑内容や過去60年間分の申告書類を学習したワトソンは、クライアントの収入、支出、資産の内容、居住形態、家族の状況等を分析し、その人にとって最大限の控除や還付が受けられる税務申告の方法を導き出してくれる。顧客対応をする税務のスペシャリストの有能な補佐役をワトソンが務めているのである。

　AI の質問応答機能を課税・徴税側で活用しているのがシンガポール政府である。シンガポールでは、IRAS（Inland Revenue Authority of Singapore：内国歳入庁）が納税者からの質問に対して自動で応答するヴァーチャルアシスタント Ask Jasmine の試行を2015年に実施した。自然言語処理と FAQ のデータベースから最適解を探索する部分に AI を活用した Ask Jasmine は、その後、IDA（Info-communications Medid Development Authority of Singapore）が開発した省庁横断のヴァーチャルアシスタント、Ask Jamie に統合され、現在は、Jamie が IRAS のウェブサイト上で税金に関する質問に答えるようになっている。

■ AI を活用できる自治体税務業務

　日本の国税庁は、AI や ICT の進化を受けて、10年後に目指す税務行政の姿を「税務行政の将来像」としてまとめている（2017年 6 月23日公表）。

　「スマート化を目指して」という副題の付けられた「税務行政の将来像」が目指す「スマート税務行政」は、二つの要素から構成される。一つは、「納税者の利便性向上」で「スムーズ・スピーディ」がキーワードだ。もう一つは、「課税・徴収の効率化・高

86

度化」で、「インテリジェント」のキーワードが付されている。

　「納税者の利便性向上」が目指すのは、カスタマイズ型の情報配信（マイナポータルを活用した納税者個々のニーズに合った情報配信）、税務相談の自動化（チャットやメールの活用。AIによる相談内容の分析と最適な回答の自動表示）、申告・納付のデジタル化の推進（確定申告や年末調整の電子化、地方公共団体含む行政機関間の連携による手続きの簡素化・ワンストップ化、電子納税等）である。

　一方、「課税・徴収の効率化・高度化」が目指すのは、申告内容の自動チェック（申告漏れや評価額の違い等の自動チェック、AIを活用した財産評定の効率化・適正化）、軽微な誤りのオフサイト処理（是正が必要な事項等の納税者への自動連絡、AIを活用したコールセンターの是正依頼業務や納付指導業務の強化）、調査・徴収でのAI活用（AIを活用したシステムによる、調査、滞納整理、公売関係業務の効率化・精緻化・最適化）である（図表3-2）。

　随所でAIの活用が謳われているが、その具体的な内容を確認すると、AIは、大きく三つの場面で活用することが構想されている。

　一つ目は、応答の自動化である。メール・チャット・電話等での質問や相談内容をAIが分析し、データベースの中から最適な回答を選び出して自動表示する。通知文書の自動作成も含め、納税者とのやり取りは可能な限りAIに委ねてしまおうという考えだ。このあたりは前章で示した自治体の取り組みと共通している。

　二つ目は、情報の自動収集・分析と最適解の導出だ。例えば、滞納整理では、個々の納税者の納付能力の判定に加え、過去の接触や滞納処分の状況等から勘案した優先着手事案の選定、最適な接触方法（電話催告、文書催告、徴収官が臨場しての滞納整理

図表3-2　国税庁が目指す「税務行政の将来像」

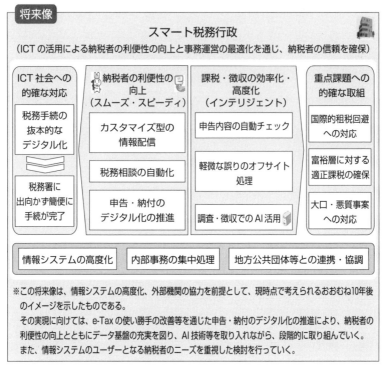

出所：国税庁「税務行政の将来像（概要版）」（2019年6月23日）

等）や滞納整理方針の提案をAIに行わせることが検討されている。

　三つ目は、画像解析である。例えば、差し押さえて公売にかけられる土地・家屋等の価格算定において、インターネット上から自動収集される取引事例や画像データをAIが解析して、迅速・的確に財産評価をすることが考えられている。

　いずれもビッグデータに強いAIの特性を踏まえた活用方法である。「税務行政の将来像」は、あくまでも国の税務に関するものだが、ここで構想されているAI活用策は、そのまま自治体税

務にも適用可能なものばかりなので、自治体税務でも国に追従して AI が活用されていくものと思われる。

■ AI 活用がもたらす効果

　自治体税務の柱は住民税と固定資産税だ。他に軽自動車税やたばこ税、都市計画税などもあるが、自治体税収の 9 割を住民税と固定資産税が占めている。

　住民税は、前年の所得に応じて算出される。住民税に関する業務は 1 月から 6 月が繁忙期で、この間、職員は給与支払者から送られてくる給与支払報告書の内容をシステムに入力し、給与所得者以外には住民税申告書を送って前年度の所得を申告してもらい、電話や窓口で住民に申告書の書き方を指導し、課税額が決まってからは、納税通知書を出力、郵送する。そこで課税実務は一段落するが、納税通知書が届いた住民から課税額に関する問い合わせやクレームが来るから、納付期限までは、それへの対応に追われることになる。1 月から 6 月の繁忙期は、毎年この繰り返しである。

　繁忙期には残業が当たり前だが、給与支払報告書や住民税申告書を電子化してしまえば入力作業は不要になるし、出力・郵送を含め、単純業務は RPA で自動化すれば大幅に削減できる。国税である所得税や法人税は納税者が自ら納税額を計算して申告する申告納付課税のため、申告内容のチェックという業務が必要になるが、自治体側が課税額を計算する賦課課税である住民税や固定資産税ではその必要はない。大方の業務は電子化・RPA 化で対応できるはずなので、AI を必要とするのは、住民からの問い合わせ対応や滞納整理などに限定されるはずだ。

　一方、自治体税務のもう一つの柱である固定資産税に関しては AI が威力を発揮する。課税額算定の根拠となる資産評価におい

第 3 章　AI 化される自治体業務　｜　89

て、AI活用が有効に働くと期待されるからだ。

固定資産税については、納税者が保有する資産の時価評価に基づき課税額が決められるが、膨大な量の家屋や土地に関して毎年評価替えをするのは課税コストから見ても現実的ではない。このため、評価額については3年間の据え置きが認められているが、その一方で、固定資産の現況に関しては、毎年少なくとも一回は実地調査をすることが市町村に義務付けられている（地方税法第408条）。評価替え以上に手間のかかる実地調査を毎年実施できるはずもなく、固定資産税の課税期間（除斥期間）である5年以内は評価額や税額の変更ができることを拠り所に現実的な対応をしている市町村が多い。

AIは、こうした状況を大きく変える。時価に基づく評価替えの作業はAIに任せてしまえばほとんど手間がかからないから、毎年できるようになる。また、航空写真の画像をAIで解析すれば、土地や家屋の変化を瞬時に見つけ出すことができるので、変化のあった場所に絞ったピンポイントの実地調査が可能になる。毎年の評価替えと実地調査に基づく課税は、実態との乖離をなくすから、納税者も文句を言えなくなる。結果として、問い合わせやクレームが減り、税務担当者の業務が効率化され、心理的負担も減るはずだ。

3 財務──財務書類の作成から自治体経営のパートナーまで

■ 財務・会計分野で進む AI 化

　税務と並んでコンピュータ化される確率が高いと予想されているのが財務・会計の分野である。先に挙げた論文「雇用の未来」では、簿記・会計・監査の事務員・官吏（Bookkeeping, Accounting, and Auditing Clerks）がコンピュータ化される確率は98％、会計士・会計監査人（Accountants and Auditors）のそれは94％である。会計士は、税理士と共に、AI に代替される仕事の筆頭にしばしば挙げられる。その真偽はともあれ、会計分野で AI が急速に浸透しているのは間違いのない事実である。

　AI の浸透を促しているのは、クラウド会計ソフトの普及である。日本におけるクラウド会計ソフトの草分けとなったのは、Google 出身の佐々木大輔氏が設立した freee 株式会社が2013年3月にリリースした「クラウド会計ソフト freee」である。翌2014年1月にはフィンテックベンチャー（IT 技術を用いた金融サービスを行う新興企業）のマネーフォワードが「MF クラウド会計」をリリース。どちらも基幹システムや ERP（Enterprise Resources Planning：企業経営の基本となるヒト・モノ・カネ・情報を適切に分配して有効活用する計画・考え方で、現在では「基幹系情報システム」を指すことが多くなっている）を導入できない中小企業や個人事業主、あるいは会計事務所を対象にしたものだ。このクラウド会計ソフトの2強体制ができ上がってから、従来のパッケージ型ソフトに替わって、クラウド型ソフトが急速に普及した。クラウド型になって大きく変わったのは、AI が活用されるようになったことである。

第3章　AI 化される自治体業務

クラウド会計ソフトでトップシェアの freee 株式会社は、創業当初より AI の研究に力を入れており、2016年 5 月には、クラウド会計ソフトの自動仕訳に関する人工知能技術の特許を取得している。これにより、インターネットバンキング等の取引明細に記載されている内容から、AI が勘定科目を推計して仕訳を行う自動仕訳が可能となった。AI 自動仕訳には学習エンジンが搭載され、freee を使う人が増えるほど仕訳の精度が上がる仕組みだ。2018年 5 月には「AI 月次監査機能」が追加され、仕訳のミスや税法上の誤りを AI が自動でチェックし、修正を提案すると共に、多額の入出金などの異変・異常にもアラート（警告）を出してくれるようになった。仕訳などの記帳業務を自動化し効率化を支援してきたクラウド会計ソフトは、AI により進化し会計監査機能まで取り込み始めている。

　freee 株式会社は、2016年の特許取得を機に、スモールビジネスのバックオフィス業務を効率化するための研究開発機関「スモールビジネス AI ラボ」を設立し、AI の研究開発体制を強化した。同ラボでは、自動仕訳による記帳の効率化にとどまらず、経理作業全般の効率化、ひいては経営意思決定の支援へと AI の適用領域を広げていくことが構想されている。AI は、記帳やチェックの自動化・効率化、監査から、経営分析、リスク分析、ビジネスマッチング、補助金のレコメンドなど、経営全般のサポートを行う強力なパートナーとなる見込みだ（図表 3 - 3 ）。記帳を省力化するツールに過ぎなかったクラウド会計ソフトは、AI により経営になくてはならないパートナーへと進化することになる。

　大手企業が導入してきた ERP もクラウド化が進み AI の導入が始まっている。日本オラクルは、2018年、AI 機能を搭載したクラウド型 ERP の提供を開始した。中小企業向けの会計・財務

図表3-3　freeeのスモールビジネスAIラボが目指す世界

経営意思決定
支援

資金繰り
シミュレーション
人工知能経営分析
自動与信設定
ビジネスマッチング
リスク分析
補助金レコメンド

経理作業の
効率化

✓不良債権自動検知
不正データ自動検知
消込自動化エンジン

記帳効率化

✓自動仕訳エンジン

✓：すでに実現済み

出所：freee 株式会社ウェブサイト
（https://corp.freee.co.jp/news/smb-ai-labo-0627-4966.html）

で先行したAIの活用は大手企業にも広がっていく。

■ 自治体財務におけるAI活用の可能性

　自治体の公会計（一般会計と特別会計）では、お金の出し入れのみを記帳する単式簿記による会計管理が行われてきた。債務も税収もどちらも収入としてカウントしてしまう単式簿記では経営感覚は身につかず、資産や債務の管理もままならない。住民への財務情報の提供という面でも問題があった。そこで、2000年代に入ってから、総務省が複式簿記による会計管理の導入を主導し、2009年には新公会計制度の導入を宣言して、自治体に新しい財務諸表4表（貸借対照表、行政コスト計算書、純資産変動計算書、

第3章　AI化される自治体業務　93

資金収支計算書）の作成を義務付けた。しかし、形ばかりの導入になったところが多く、作成する書類の内容や書き方も自治体によってバラバラだったため、総務省は2015年１月に「統一的な基準による地方公会計マニュアル」を公表して、2017年度末までに新しい基準による財務諸表類の作成を全自治体に義務付けた。

　新しい財務諸表の作成は作業量も多く、慣れない業務であるため自治体財務担当者には負担となっている。一方で、民間企業で導入され始めた AI で代替しやすい業務でもある。上述したように、民間企業では複式簿記による記帳やチェックはクラウドベースの AI で自動化できるようになっている。クラウドの導入が前提になるが、これらの技術を自治体に応用すれば、新しい財務諸表作成の負担感も減るはずだ。政府は電子自治体の取り組みの一環としてクラウド化を推奨しており、2018年３月末時点で既に1,013の自治体が何らかのクラウドシステムを導入している（総務省「自治体クラウド導入促進の取組」2018年６月26日）。こうした政策とシステム化の流れの中で自治体の財務諸表作成業務への AI 活用も可能になる。

　しかし、新しい財務諸表の作成は自治体財務の業務のほんの一部の業務にすぎない。自治体財務の伝統的な業務は、予算編成、執行管理、決算、地方交付税、地方債の発行・管理である。このうち、柱となるのは、予算編成→執行管理→決算で、予算を編成し（Plan）、執行を管理し（Do）、決算して成果を確認する（See）。この PDS サイクルの要となるのが財務部門の役目である。

　予算編成では、まず、翌年度の税収と地方交付税の見込みを見積もり、予算の枠を決める。右肩上がりの時代ではないので、スクラップアンドビルドの原則を徹底し、前年度までの成果を厳しく検証して予算の仕向け先を真に必要な事業に絞る。その中で、担当部局の予算要求内容を吟味し、事業の必要性を判断し、積算

を検証して、予算案を練り上げていく。交渉や調整ごとが多いので人力に頼った作業になりがちだが、翌年度の税収の見込みや積算の検証作業には AI が活用できるはずだ。予算編成段階で定量的な KPI（Key Performance Indicator：主要業績評価指標）を設定することを徹底すれば、前年度までの成果の検証を AI に任せることができる。

　予算の執行・管理段階では、実態に応じた柔軟な執行を行うために、計画変更などの調整ごとが多くなる。AI で自動化できる部分はそれほど多くはないが、日々の入出金の自動仕訳は可能だし、執行段階で確定した単価を AI に記憶させ、翌年度の積算検証の一部を自動化することもできる。

　執行管理を終え決算が確定すると、地方財政状況調査（いわゆる決算統計）と議会に提出する決算成果報告書の作成に取りかかる。決算成果報告書は事業の成果を検証する書類で、各担当部局が作成し財務担当部局が取りまとめる。決算統計と決算成果報告書に関しては、グラフの作成などは基幹システムや RPA により自動化できるが、これに基づく分析や成果の報告は人力に頼らざるを得ない。定量的な KPI の設定を徹底して AI による分析が可能な部分を増やすことはできるが限界がある。そこを無理して AI 化するより、例えば、他の市町村が公表している決算統計や成果報告書の内容を学習させ、同一規模の市町村の決算や他市町村の類似事業との比較分析をできるようにする方が AI の活用には適している。

■ AI 活用がもたらす効果

　かつて自治体財務の業務は冬の予算編成作業に大きな比重が置かれていた。右肩上がりの経済成長の中では、毎年増える税収を担当部局からの予算要求に基づき配分することが重要だったから

第 3 章　AI 化される自治体業務　｜　95

だ。そうした積み上げ型の予選編成が主流だった時代は、予算編成とは即ちネゴシエーションであり、予算を少しでも分捕りたい担当部局と、理詰めで予算要求を切りにかかる財務担当との激しい応酬が繰り広げられた。労力はかかるが、毎冬の年中行事として、ある種の祭りのような躁状態の中で期間限定の短期決戦（と言っても11月から２月の４ヶ月を要した）が行われたのである。

　今の財務部門にもはや当時の業務の面影はない。前年度の決算が終われば、すぐにレビューを始め、事業の成果を見極めながら、スクラップアンドビルドを議論し、調整しながら翌年の予算案を練り上げていく。一年中予算編成作業をしているような状態になっている。年中行事としての盛り上がりがない半面、事業の成果を見極めながら冷静な予算編成作業ができるようになったとも言える。

　つまり、今の自治体財務に求められているのは、Plan → Do → See の PDS サイクルを回しながら、より意味のあるアウトプット・アウトカムを生み出す政策へと予算を調整・誘導することである。同時に、人口減少・高齢化によって年々財政が厳しさを増す中においても、自治体が存続し、必要な住民サービスを提供し続けられるよう経営の舵取りをすることである。かつてに比べ緻密で冷静な判断力が求められるようになっているのが今の自治体財務である。

　こうした時代の自治体財務の良きパートナーとなり得るのが AI だ。AI は、仕訳やチェックを自動化して、複式簿記の財務諸表の作成負担を軽減し、翌年度の税収のシミュレーションや積算のチェックを自動化して予算編成作業を効率化する。

　決算統計や決算成果報告書の作成等、決算後の作業を AI によって自動化・効率化するには、AI が評価するための定量的な KPI の設定が必要になる。全てを定量化するのは難しいが、でき

るだけ多くの定量的な KPI を設定するよう予算編成段階から心がけることで政策目標が明確になる。こうした AI 化を進めるための工夫が、政策評価を透明化し、住民や議会に対する説明能力を高めるのである。

　他の自治体の決算統計書の分析や類似事業の情報収集・比較分析の充実、効率化も期待できる。1,700以上ある自治体の財務諸表の分析を人力で行うことはできない。AI を使い人口規模、財政指数、高齢化率、中山間率等をクロスさせて比較対象とすべき自治体を抽出して分析すれば、自らの強みや弱みが明らかになる。

　自治体経営の要となる財務には、鳥の目（俯瞰による全体把握）、魚の目（時系列や類似事例の分析による流れの把握）、虫の目（個別事例の詳細の把握）を備えていることが求められる。ビッグデータの解析に力を発揮する AI は、自治体にとっての鳥の目、魚の目の代わりとなる。積算のチェックなど細かい作業が得意な AI は、虫の目の代わりともなる。調整業務の多い財務業務の自動化・効率化に AI を使うのには限界があるが、鳥の目、魚の目、虫の目としての活用を心がければ、AI は自治体経営にとって頼れるパートナーとなるはずだ。

4 法制執務 ── 例規の審査と策定から法律相談・訴訟対応まで

■ 法律事務所で進む AI 活用

　法令文書は定型化、構造化されているので AI になじみやすい。実際、欧米の法律事務所では AI の活用が始まっている。

　米国の法律事務所 Baker & Hosteler では、2016年初夏にシリコンバレーの ROSS Intelligence が開発した AI「ROSS」を破産／倒産部門に導入した。ROSS は、IBM のワトソンをベースに構築された AI で、ワトソンの自然言語処理能力を活かして、弁護士の話し言葉による調査依頼を理解し、膨大な法律文書を調べて関連する情報を集め、推論を行い、根拠のある答えを返してくれるという。この作業ができるように、ROSS Intelligence では、2014年から ROSS に米破産法の学習をさせていたようだ。Baker & Hosteler の破産／倒産部門には50人のスタッフがいたが、リサーチ能力に関して言えば、AI は50人分に匹敵するという。

　一方、世界30カ国に拠点を持つ国際法律事務所の英国の DLA Piper では、2016年秋からカナダの Kira Systems が開発した AI で契約書案文をレビューしている。問題のある条項や見直すべき箇所のある条項を見つけ出すのが AI の役割だ。

　イスラエルのスタートアップ企業 Legalogic が提供する AI による契約書のレビューサービス LawGeex では、クライアント企業がこれまでに締結した契約書のデータを取り込み、分析することで、その企業が重視する法律のポリシーを定義する。新しい契約を締結する際には、AI が案文をレビューし、企業のポリシーや法令と照らし合わせながら、問題のある条項を抜き出し、修正方針を示してくれるという。Legalogic には、2017年3月にリク

ルートが出資して話題となった。

　日本でも、AIを活用したリーガルサービスの波が押し寄せている。30代の弁護士が設立したベンチャー企業リグシーは、2017年からIBMのワトソンを用いて契約書類を作成するサービス「ホームズ」を提供している。顧問弁護士を雇う費用のない中小企業でも、弁護士がリーガルチェックしたのと同等のレベルの契約書を短時間・低コストで作成できるというサービスだ。

＊

　法令文書の量は膨大で、解釈に影響を与える判例の数も天文学的だ。契約書も星の数ほどある。人間がこれら全てに目を通すことは不可能だが、AIならばそれができる。膨大なデータベースの中から必要な法律条項を抜き出し、関連する判例を選び出すような作業は朝飯前だ。契約書を見比べ、法律と照らし合わせ、おかしな条項を見つけ出す作業も正確にこなす。専門的なトレーニングを受けた人間でも長い時間かかる仕事をAIは瞬時に、しかも正確にできてしまうのである。

　Legalogicは、2018年2月に、LawGeexと20人のトップ弁護士にそれぞれ5本のNDA（秘密保持協定）案をレビューさせ、その結果を比較するコンテストの結果を公表した。それによると、LawGeexは94％の正確さでNDAの問題点を指摘したのに対し、20人の弁護士のレビューの正確さは平均で85％、最もパフォーマンスの良かった弁護士は94％、最もパフォーマンスの悪かった弁護士は67％だった。

　衝撃的なのは、レビューに要した時間で、20人の弁護士が平均で92分（最も長かった者は156分、最も短かった者は51分）であったのに対し、LawGeexはたった26秒で作業を終えていることだ。正確さにおいては、トップレベルの人が何とかAIに対抗できたが、処理速度ではAIに全く歯が立たなかったのである

第3章　AI化される自治体業務　｜　99

（図表3－4）。

　圧倒的に作業速度が速く、人と同等以上に正確なのだから、調査やレビューにAIを活用しない手はない。人間は、AIの指摘・提案を踏まえて契約内容を検討したり、交渉したりする業務に注力すればいい。

　先述のオズボーン准教授とフレイ博士による論文によると、弁護士（Lawyer）がコンピュータにとって代わられる確率は3.5％と低くなっている一方で、弁護士の補佐として文書の作成やチェックを行う書記係（Legal Secretaries）や調査を行う補助員（Paralegals and Legal Assistants）の仕事は、それぞれ98％、94％という確率でコンピュータに代替されるとしている。弁護士の仕事はなくならないが、弁護士をサポートする仕事はAIに代替されていくという未来予想には納得感がある。

■ 自治体法制実務における AI 活用の可能性

　自治体の法規担当の仕事は、①例規（条例と規則）の審査と策定、②法律相談・訴訟対応、③議会対応、の三つに分けられる。このうち、AIが有用なのは、主として、①例規の審査と策定、②法律相談・訴訟対応だ。③の議会対応は、自治体の議会対応窓口としての連絡調整業務なので、AIを活用するまでもない。

　②法律相談・訴訟対応のうち、法律相談に関する業務とは、事業を企画・実施する各担当課（原課）からの法令解釈に関する相談や住民の苦情・クレーム対応に関する相談などである。住民の対応は原則は原課の仕事であり、法規担当の役割は、法令や例規を調べ、その解釈をもとに原課に対処方針等をアドバイスすることである。逆に、訴訟対応の場合は、法規担当が自治体の窓口となって庁内をまとめ、対外的な交渉を担う。

　法律相談・訴訟対応は、AIを有効に活用できる分野である。

図表 3 - 4　Legalogic が実施した AI と弁護士対決の結果

出所：LawGeex のブログサイト
　　　（https://blog.lawgeex.com/ai-more-accurate-than-lawyers/#more-4058）

国の法令や通達、自治体の条例や規則、それに判例を学習した
AIがあれば、関連する法令例規の条文、その解釈の観点から役
に立つ判例などを瞬時に特定することができるからだ。法規担当
は、AIを有能なアシスタントとして使い、対処方針を立て、原
課に適切かつ迅速なアドバイスをしたり、担当弁護士と訴訟の戦
略を練ったりできるようになる。

　①例規の審査と策定は、条例や規則の制定・改廃に伴う業務で
ある。法規担当にとって最も基本的で、最も重要な業務である。

　自治体は、国の定める法律と別に、自主立法である条例を定め
ることができる。条例の制定は憲法に規定された自治体の基本的
な権利であるが、憲法第94条に「法律の範囲内で条例を制定する
ことができる」とあることを踏まえ、地方自治法には、「普通地
方公共団体は、法令に違反しない限りにおいて第2条第2項の事
務に関し、条例を制定することができる」（第14条第1項）との
規定がある。「第2条第2項の事務」は、「地域における事務及び
その他の事務で法律又はこれに基づく政令により処理すること
とされるもの」（第2条第2項）を意味するから、「法令で定められ
た自治体の事務に関し、法令に違反しない限りにおいて」が条例
制定の条件ということになる。

　つまり、条例を制定する際には、それが自治体の事務に関する
もので（＝国や都道府県に専属する事務ではなくて）、既存の法
令に違反しないものであることを確認する必要がある。

　この確認作業と並行して立法事実（条例制定の必要性を示す事
実）の確認を行い、規定すべき事項を詰めた上で体裁を整えるの
が条例の審査である。条例案は、通常、原課から持ち込まれ、そ
れを法規担当が審査してブラッシュアップしていく。条例案が
整ったら、提案理由や参照条文などを添えて議会に提出し、可決
されれば成立となる。

これら審査から策定までの一連の業務（規則等については、議会の議決が不要）において、AIを活用できる場面は多い。

第一に、条例制定の前提となる既存法令との整合性の確認である。条例の内容に既存法令に抵触する部分はないか、自治体の事務と言えるかなどは、法令、通達、判例などを学習したAIがあれば、瞬時に答えを出してくれる。

第二に、規定事項の精査である。条例には権利制限規定、許可規定、手数料規定、罰則規定等、住民の生活に大きな影響を与える規定が盛り込まれる。条例の制定にはこれらの規定が妥当なものかを検証する必要がある。他の自治体の例規の中に似たような規定があれば、妥当性を補強する一つのエビデンス（根拠）となる。他の自治体の例規を学習したAIがあれば、似たような規定を探してくる作業は朝飯前だ。

第三に、条文の表現・語句のチェックである。条例や規則は法令用語で書かれる。法令用語は、句読点の位置や用語の使い方、送り仮名、接続詞のルールなど、明治時代からの立法作業の中で次第に慣例化されてきた独自の用語用法に基づいている。例規審査では法令用語のチェックもなされるが、これこそAIに任せるべき作業である。

第四に、提案理由や参照条文など参考資料の作成に必要な情報の収集である。条例案に添えて議会に提出する資料のうち、参照条文の作成はAIでできる。また、提案理由の説明では議会での審議内容を確認することも重要だが、議会の議事録を学習したAIならば、関係する議事内容はすぐに抽出できる。

第五に、条例の制定改廃に影響を与えそうな法令改正の動向調査である。官報をチェックすれば法令改正の動向は分かるが、ベテラン職員でない限り、それが既存の条例にどのように影響を与えるかは分からない。例規を学習したAIには、法令改正の影響

を受けそうな条例や規則の条文を抜き出して通知するのは簡単な
作業だ。

■AI活用がもたらす効果

　法規担当がAIを活用すると、原課から法令相談があった時に
も、迅速・的確に返事ができるようになる。原課には法規担当が
頼りになる存在に映るし、法規担当も調べる手間が減るので相談
を歓迎するようになる。こうして原課と法規担当との距離が縮ま
るから、法規担当は、原課がやりたいことを法令の範囲内で上手
にやるためにはどうすれば良いかを親身になってサポートするよ
うになるだろう。

　AIに法令改正や他自治体の条例制定改廃の動向を定点観測さ
せ、自らの自治体に影響の出そうなことや参考になりそうなこと
を報告させるようにすれば、法規担当には原課が知っておくべき
情報が自動的に集まるようになる。それを原課に伝えるのはもち
ろんだが、単に情報を伝えて原課のアクションを待つのではなく、
こういう条例が必要になるのでは、という働きかけをするように
なるかもしれない。法制執務は守りや受動のイメージが強いが、
AIの活用により、攻めの姿勢で動けるようになることが期待さ
れる。

　条例の審査過程がAIによって効率化されることによる効果も
大きい。原課にとっても法規担当にとっても、条例を作る手間が
格段に少なくなるから、どんどん条例を作ろう、という気運が生
まれる。自らのルールを持つことが自治の基本だから、AIには
自治の底上げをはかる効果があると言える。

　ただし、法制執務においてAIを有効活用するためには、デー
タベースを整備しAIに学習させることが必要になる。

　法令に関しては総務省がデータベースを整備しているが、通達

や判例までは含まれていない。判例は最高裁が選んだ代表例が公開されているだけで網羅性に欠ける。自治体の条例規則は数にして100万を超えているが、これも公式なデータベースは存在しない。同志社大学や鹿児島大学が独自に構築・公開している条例規則のデータベースが存在するのみである。

　訴訟社会の米国は法令関係のデータベースを早くから整備してきた。判例については、連邦最高裁、連邦控訴裁、連邦地裁、州裁判所ごとに判例を検索できるサイトがあり、LexisNexis やWestlaw など網羅的で使い勝手の良いデータベースサービスが存在している。このようなデータベースの発達が AI の進化を促し、リーガルテックと呼ばれる法律部門のデジタル化、IoT 化の流れを後押ししているのである。

5 地方議員の仕事も変わる
──市民との政策議論が活発化し、議会本来の機能が発揮される

■地方議会を巡る課題

　自治体では、執行機関の長である首長と議事機関の議会議員を住民が直接選挙で選ぶ二元代表制がとられている。二元代表制では、首長、議会議員のそれぞれが住民に対して直接責任を負い、首長の行政運営を議会議員が監視する。首長は予算や条例などの議案を議会に提出し、議会は議案の議決を通じて首長の行政運営に介入する。

　二元代表制の理念から言って、住民から直接選ばれる首長と議会は対等の関係であるべきだ。しかし、自治体職員をブレーン、あるいは手足として使えることのできる首長と異なり、議会議員には首長ほどのブレーンや手足はない。議会事務局が設置され、議員の活動と議会運営のサポートをすることになっているが、自治体職員が人事ローテーションの中で務めるのが普通だから専門性は乏しい。

　結果として、大半の自治体議会が、執行機関（市区役所・町村役場）の提出する議案に対して質問、意見するだけの受け身の構造になっている。執行機関にしてみれば、行財政運営は執行機関に任せ、議会は提出議案を淡々と議決してくれれば良い、というのが本音だが、住民にしてみれば、議員が自分達の代表として執行機関を十分に監視できず、執行機関の追認機関になっているように映る。

　1999年に成立した地方分権一括法により、国の仕事を自治体に下請けさせる機関委任事務が廃止された。これに伴い、地方議会

図表3-5　統一地方選における改選定数に占める無投票当選者数の割合の推移

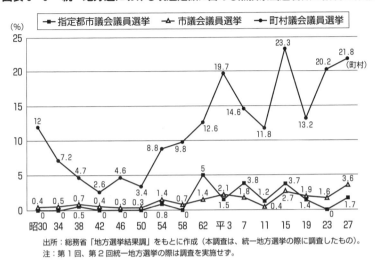

出所：総務省「地方選挙結果調」をもとに作成（本調査は、統一地方選挙の際に調査したもの）。
注：第1回、第2回統一地方選挙の際は調査を実施せず。

出所：総務省「町村議会のあり方に関する研究会　報告書」（平成30年3月）

の機能強化を図るべく、条例制定権が拡大されたが、制度を変えても地方議会が大きく変わることはなかった。2000年には地方議会の調査研究などの活動に充てるために政務調査費が制度化され、2012年の地方自治法改正で政務活動費と改められたが、カラ出張や架空請求などの不正が相次ぎ、議員活動に対する不信感を高める結果となってしまった。

　一方、小規模な町村では、議員のなり手がおらず、無投票での当選が増え、議会の存続意義が問われるようになっている。2015年（平成27年）の統一地方選挙で無投票当選を出した自治体の割合は、人口1,000人以下で64.7％、人口1,000人以上10,000人未満で27.3％、人口10,000人以上30,000人未満で17.1％となっている。町村全体では21.8％だ。これに対し、市議会議員、指定都市議会議員では各々3.6％、1.7％だから、なり手不足問題は町村議会で深刻であることが分かる（図表3-5）。

背景には、人口減少や高齢化もさることながら、小規模な自治体の議員報酬の低さがある。人口1,000人未満の自治体の議員報酬の平均は152,510円（月額）、10,000人以上30,000人未満の自治体でも246,898円だから、年収にすると300万円にもならない。この報酬では兼業が前提になるが、公務員の兼業は禁止されているため、議会が夜にでも開かれない限り、地元で商売や農林漁業に携わっている人か、時間に余裕のある人しか議員になれない。

　2017年６月、高知県大川村が村議会廃止の検討を開始したことが報じられ大きな話題となった。人口わずか400人の大川村では、村議のなり手がおらず、議会が成立しないため、議会を廃止しようというのである。地方自治法第94条には、町村の場合、条例により「議会を置かず、選挙権を有する者の総会を設けることができる」とする規定があり、町村総会の設置をもって議会を不要とすることができる。

　大川村の一件は、町村議会の存在意義に根本的な問いを投げかけるものとなった。

■ 地方議会における AI 活用の可能性

　現在の地方議会は、議会本来の機能を果たせていないと言われても致し方ない面がある。自治体行政における議会の主たる機能は、①執行機関を監視し、②執行機関の提出する議案に対して議決を行い、③自ら条例を立案する等により政策を立案する、ことにある。これらは有権者に選出された住民代表としての行為だから、選んでくれた有権者に対して、④議会や委員会での議論をフィードバックしつつ、⑤意見や要望を吸い上げて、意見・要望・質疑・政策提案等の形で執行機関に届けることも重要な機能である。

　これら五つの機能は、AI を活用することで強化できる。AI に

よって、地方議会本来の機能を発揮するのである。具体的には、以下のような AI の活用方法が考えられる。

①執行機関の監視

執行機関から必要な行政資料を集めて AI に読み込ませ、全自治体の基礎情報を集めた自治体データベースと比較分析することで、非効率な部分や問題になりそうな部分がないかをチェックする。議会議員は監査委員を兼ねることが多いが、AI を活用して財務諸表の確認を行う。

②議案の議決

本章3で見たように、財務に AI が活用されるようになると、決算時に AI が成果を検証できるよう、予算編成の段階で定量的な KPI を設定するようになる。予算と決算の議決は地方議会の議案の中心を占めるが、KPI を重視することで、政策目標や予算の使い方などの審議に時間を割けるようになる。国内外の自治体の政策事例を集めた政策データベースを作り、AI に探索・分析させれば、当該自治体での類似政策の成果を評価し、議会や委員会での審議にフィードバックすることもできる。

③条例等の作成

議員として解決したい課題の解決策として条例・規則等を立案する際、AI を使って参考になる政策等を例規・政策データベース及びインターネットから探索する。参考になる条例等がある場合は、それらを参照して新しい条例案を策定する。条例案の作成に当たっては、自治体の法規担当が使う AI を活用する（本章4参照）。

④有権者へのフィードバック

　議会報告等、有権者へのフィードバックは、有権者と顔を合わせる貴重な機会なので、議員はフェイス・トゥー・フェイスで対応する。単に議会や委員会の報告をするのではなく、政策データベースやインターネットから AI が収集した他自治体の取り組みとの比較や他国の事例の紹介等も交え、有権者がより広い視野から行政活動を評価できるようにする。

⑤意見や要望の吸い上げ

　SNS やインターネット上のコミュニティで意見聴取や住民との意見交換を行う。議員個人のブログや SNS を学習させた AI は、議員のアバター（チャットボット）として、24時間インターネット上でいろいろな立場の人の意見や反応を集めることもできる。集まった意見を AI で解析すれば、社会集団ごとの傾向や特定の議案に対する賛成・反対などを可視化できる。

*

　以上は、議員個人が行っても良いが、⑤以外は議会事務局が一括して処理したほうが効率的だろう。議会事務局が AI を活用して議会・議員をサポートすれば、議会が首長を長とする執行機関と互角に渡り合えるようになる可能性もある。

■ AI 活用の効果

　地方議会が力をつけ本来の役割を果たし、二元代表制の理念が実現することが、AI 活用の一番の効果と言える。首長をトップとする執行機関と議会との間に良い意味での緊張感が生まれ、チェックアンドバランスが働き、建設的な議論が議会で交わされ、議員提案の革新的な条例案が次々に誕生するようになれば、誰もが議会の必要性を認識するようになる。議員も識見のある代表と

して一目置かれるようになるはずだ。

　AIを活用した議会報告と意見聴取によって、住民と議員との距離が縮まる。これまで年寄りと後援会しか出なかった議会報告会は国内外の自治体の取り組みなどを学べる場となり、AIによる意見聴取と解析は、これまで触れたことがなかった声を議員に届けるようになるだろう。議員は見過ごしていた問題、見ようとしなかった問題と向き合わざるを得なくなる。そうして、問題解決に尽力する議員が現れ、置き去りにされてきた問題に光が当たるようになる。新しい才能やビジネスの芽に支援の手が差し伸べられ、地域でイノベーションが起きるようにもなる。

　一方で、町村における議員のなり手不足問題が解消するわけではない。人口減少、高齢化が進めば、町村議員が減り、議会を廃止して町村総会に替えるところも出てくるだろう。しかし、AIがあれば住民が困ることはない。議員のなり手がいなければAIを住民の意見の受け手にすればいい。AIは、あらゆる人の意見に平等に耳を傾け、感情を交えずに意見を集約し分析する。意見集約と分類については人間より優れている面がある。住民の意見やニーズを汲み上げ、自治体データベースや政策データベース、例規データベースを参照して、参考になりそうな政策オプションを示してくれれば、地域の中での政策議論を盛り上げることはできる。

　ただし、AIが出す政策オプションや論点の中から最終的に判断をするのが人間の役割であることに変わりはない。AIはその判断を少数の議員ではなく、住民総会に委ねる可能性を提示する。AIを使えば、数百人、数千人の意見を聞き、傾向を読み解き、多くの人が納得できる答えを見出すことができる。

　地方議会の改革に加え、議会が存続できない地域での住民総会の可能性を提示し得ることが、議会領域でのAIの最大のインパクトかもしれない。

6 ビッグデータと政策立案
──データに基づく政策立案と評価

■ 求められる EBPM（Evidence Based Policy Making）への対応

　AI が成長するにはビッグデータによる学習が必要だ。ビッグデータをせっせと「食べて」成長した AI は、大量のデータを瞬時に解析する能力を身に着け、アルゴリズムに従って、私達が求めるソリューションを提供してくれるようになる。

　本章では、自治体業務のどのような部分に AI を活用できるかを見てきたが、大別すれば、一つは、もともと大量の文章やデータの処理が必要であった業務の効率化・付加価値化であり、もう一つは、大量の情報を持つデータベースを活用した既存業務の高度化ということができる。

　やはり大量のデータを扱うが、これらとは少し異なるデータ活用のアプローチとして注目を集めているのが、EBPM（Evidence Based Policy Making：証拠に基づく政策立案）である。

　EB（Evidence Based）は、1991年に提唱された EBM（Evidence Based Medicine）を発端に広まった考え方だ。医療から始まった EB の考え方は、1990年代の英米を揺籃の地として、すぐに教育、刑事司法、福祉の分野などに広がった。

　EB を政策一般を包含する概念に広げ、国策として EBPM を推進したのが1997年に英国首相となったトニー・ブレアである。ブレアにとって、EBPM は政策をイデオロギーや政治的駆け引きから解き放つための手段であった。重要なのは "What Works"（「何が有効か？」「効果のあるもの」の意）であり、エビデンスを見つけ、普及・適用させることで、社会を改善・変革していこう、

という実践的な思考・方法論がEBPMである。英国では、これまでに七つの政策分野（教育、子供・青少年への早期介入、医療・ヘルスケア、犯罪抑止、地域経済の活性化・雇用創出、福祉、高齢化）でEBPMの普及啓発が図られてきた。

　一方、米国では2016年3月30日にオバマ大統領が署名したEvidence-Based Policymaking Commission Act of 2016に基づき、超党派の委員会 CEP（The Commission on Evidence-Based Policymaking）が設立され、EBPMの取り組みが推進された。CEPは、政策にエビデンスを取り入れるためのデータの利活用方策を検討する超党派の委員会である。個人のプライバシーを保護しながら、政策のエビデンスを高めるために、どのようにデータを利活用し、評価すれば良いかが検討され、戦略として練り上げられた。

　こうした英米の動きは、2016年12月に議員立法により成立した官民データ活用推進基本法（以下、基本法）に色濃く反映されている。基本法の「官民データ活用の推進は、国及び地方公共団体における施策の企画及び立案が官民データ活用により得られた情報を根拠として行われることにより、効果的かつ効率的な行政の推進に資することを旨として、行われなければならない」（第3条第3項）という規定が「EBPM：根拠に基づく政策立案」の根拠条項とされ、基本法の基本理念に位置付けられたEBPMを政府として推進すると宣言されたのである。

　翌2017年5月30日には、基本法に基づき、「世界最先端IT国家創造宣言・官民データ活用推進基本計画」（以下、基本計画）が閣議決定されたが、基本計画では、「EBPMサイクル」の構築が大きなテーマとなっている。同計画によれば、EBPMサイクルとは、「政策課題の把握、政策効果の予測・測定・評価による政策の改善と統計等データの整備・改善が有機的に連動するサイ

クル」のことである。

■ 自治体と EBPM

　EBPM が1990年代以後になって注目されるようになった背景
は、第一に、情報技術の進化である。コンピュータとインター
ネットが普及し、大量のデータの処理が容易になったことで、
データに裏付けられたエビデンスを見つけ、主張しやすくなった
のである。この傾向に拍車をかけたのが近年の IoT と AI の進化
だ。米国がここに来て改めて EBPM やデータ利活用を持ち出し
たのも、それが理由である。EBPM は、AI ／ IoT の進化を受け
て、行政領域でますます注目される概念になる。

　第二に、先進各国の経済が成熟期を迎え、限られた予算をいか
に効率的に使うかという観点から、政策評価や説明責任が重視さ
れるようになったことが挙げられる。政策評価や説明責任を重視
する姿勢が、政策立案や予算獲得の根拠としてのエビデンスへの
関心を高め、エビデンスに基づく立案が求められるようになった
のである（図表3-6）。

　こうした流れに自治体も無関係ではいられない。官民データ活
用推進基本法は、「官民データ活用推進計画」の策定を自治体に
求めている（都道府県は義務、市町村は努力義務）。法第3条第
3項に基づき「官民データ活用により得られた情報を根拠として
行われることにより、効果的かつ効率的な行政の推進に資するこ
と」と定義される EBPM は、自治体にとっても対応が必須の
テーマとなっている。

　自治体は、どのように EBPM に取り組めば良いのか。2017年
10月に公開され、2018年8月に改訂された官民データ活用推進計
画の策定に関する自治体向けの手引き（「都道府県官民データ活
用推進計画策定の手引」及び「市町村官民データ活用推進計画策

図表 3 - 6　社会からのエビデンスの要求

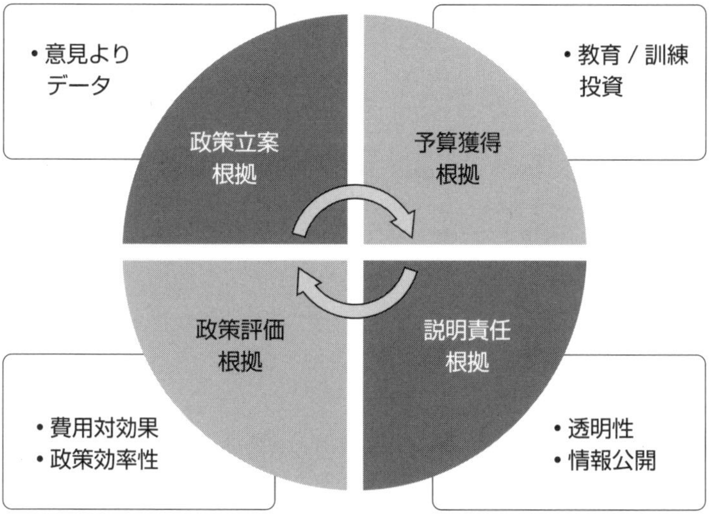

- 意見より
  データ

- 教育／訓練
  投資

政策立案
根拠

予算獲得
根拠

政策評価
根拠

説明責任
根拠

- 費用対効果
- 政策効率性

- 透明性
- 情報公開

出所：岩崎久美子（2017）「エビデンスに基づく教育」『情報管理』Vol. 60. no.1

定の手引」）を見ても、具体的なことは書かれていない。

　総務省は、自治体のデータ利活用を進めるため、2018年 6 月に、「地方公共団体におけるデータ利活用ガイドブック Ver. 1.0」を公開した。このガイドブックにも EBPM に関する記述がある。一つは、自治体が保有するデータの利活用を進めることで「行政サービスの生産性の大幅な向上や、住民サービスの質の向上（例えば、住民ひとりひとりに合った情報や行政サービスの提供など）、データに裏付けられた根拠に基づく政策立案・評価（EBPM：Evidence-Based Policy Making）などを進めることが可能」になるという、データ利活用の効果としての記述である（図表 3 - 7 ）。

　もう一つは、EBPM 自体の必要性で、それは「今後、人口規模が縮小し、限られた労働力や財源の中で適切な投資判断を行っていくには、これまで以上にデータに基づく精緻な現状把握や課

図表 3-7　これからのデータ活用と EBPM

区分	これまで	これから
活用データ	・画一的な統計データ	・リアルタイムデータ ・より詳細なデータ ・短期・中長期の正確な未来予測 ・個人情報や個人に紐付く情報
行政サービス	・何か起きてからの対応 　（申請主義／事後対応）	・予測・予防型のサービス ・個人にカスタマイズしたサービス、プッシュ型のサービス ・リアルタイムデータを活用した都市マネジメント
	・勘と経験による政策立案・評価	・データに基づく政策立案・評価（EBPM）
	・自前での情報システム構築やサービス開発	・民間サービスとの連携・活用（API 等による民間への情報・サービスの提供）

出所：総務省「地方公共団体におけるデータ利活用ガイドブック Ver.1.0」（2018年6月）

題分析によるより効果的な政策立案・評価が必要」と説明される。

　これ以上の記述はなく、取り上げられている事例も、自治体保有データの公開（オープンデータ）や、自治体保有のデータを使った住民向けの情報やサービスの提供ばかりで、EBPM の事例はない。これを見ても、日本では EBPM は緒に就いたばかりということが分かる。

■ EBPM に取り組むには

　EBPM に取り組むには、何よりもエビデンスを取得する必要がある。それは、ある事象についての因果関係を見出すことに他ならない。計量経済学や統計学によって知見が蓄積されてきた分野だが、日本の計量経済学者や統計学者が困ってきたのが、データの不在、あるいは入手困難さである。行政が持っているデータが簡単に公開されず、研究の妨げとなってきた面もある。

　オープンデータ政策はエビデンスの取得に有効に作用する。自治体が保有しているあらゆるデータを公開し、計量経済学者や統

計学者に自由に使ってもらえば、これまで知られていなかった因果関係やエビデンスが見出されることが期待できる。

　ただし、どれだけデータを公開し、どれだけ洗練された手法で分析をしても、既存のデータセットの中だけで因果関係を見出すのは難しいはずだ。その理由の一つは、データの質の問題である。行政が保有しているデータは因果関係を分析するには、粗すぎたり鍵となるデータがなかったりする。

　もう一つは、因果関係のモデルの問題である。モデルが間違っていれば、どれほど精緻なデータがあってもエビデンスは見つからない。要は、どれだけ現実世界を説明するモデルを作れるかだが、行政は縦割りだから、例えば、保健衛生の分野と交通の分野では交流が薄く、交通手段と健康状態を結びつけるようなモデルが見出されにくい。

　前者はデータの取り方の問題だから、IoT 時代となり、各種センサーの値段が下がり、あらゆるモノのデータが集められるようになったことで、これまでは知られていなかったエビデンスが発見されるはずだ。大事なのはどういうデータをどのように取り、どのように利活用するかの想像力と創造力だ。

　後者については、行政の縦割りや常識を超えて、現実世界を説明する因果関係の仮説をモデル化できるかどうかにかかっている。因果関係の仮説モデルを作るにはシステム思考が必須だ。要素を結びつけてシステム連関図を作り、レバレッジポイント（テコの作用点。そこで起きる変化がシステム全体の変化につながるような特異点のこと）を見出す。

　この点で、自治体職員には現場が近いという優位性がある。現場に入り込み、縦割りの思考を排することができれば、複数の事象をつなぐ因果関係の仮説モデルが見えてくる。

　そこで重要なのは、これまで身に着いた信念や常識から自由に

第3章　AI化される自治体業務 ｜ 117

なって物事を見ることだ。組織や事業の運営に信念や常識は欠かせないが、それが人を盲目にする面があることも否めない。虚心坦懐に現場を見つめることがAI／IoTといった革新技術と現場をつなげる。

　人間が虚心坦懐に現場と向き合う中から得られたデータセットを与えれば、AIは現場を映し出す鏡となる。人とAIとのコラボレーションがEBPMを成功させるのである。

第4章

公務員の働き方はどう変わるか

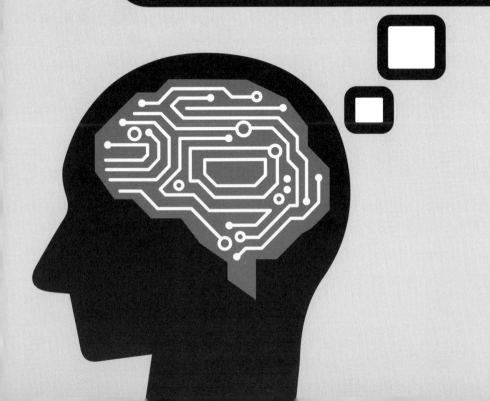

1 AI の仕事への影響の捉え方

■ AI への不安

AI が雇用にどのような変化を与えるかに対して多くの人が懸念や不安を抱いている。ここまで述べたように、AI はかなりの種類の仕事をこなせるようになる。様々なパターンの照合や大量のデータを分析することによる推測・分類、あるいは検索など、少なくとも型にはまった仕事については、既に人間の能力を大きく上回っている。言語処理、画像データ分析の能力が進めば、人間が専門知識、経験、微妙な感覚で処理していた仕事も扱うことができるようになるだろう。人間のほとんどの仕事は20程度の基本的な動作や作業の組み合わせで作られているという説もあるくらいだから、仕事が定型的な作業に分解されれば、ほとんどの仕事が AI に取って代わられる可能性がある。

ただし、全ての仕事が AI に取って代わられるというのも行き過ぎた話だ。AI が人間集団を率いて主体的な判断を下し、リーダーシップが取れる訳ではないし、ある程度できたとしても、そうすべきか、という社会的な問題もある。また、戦略作りや商品開発で主観を伴う判断をすることもできない。医療、介護、接客、アレンジメント等々、人間がしてこそ価値がある仕事もたくさんある。結局は、多くの仕事は人間と AI の共同作業になる可能性が高い。AI に任せられる仕事が増えていくことは間違いないが、人間の仕事の全てが移行する訳ではない。

もう一つ重要なのは、以下のような理由で一定の仕事が AI に移行するまでには時間がかかるということだ。

■本格導入までには時間がかかる AI

　一つ目は、AI が仕事の世界で本格的に普及するには一段の機能向上が必要だからだ。音声認識や画像認識などの性能は日進月歩だが、実際の業務に使うにはシステムとしての信頼性向上が必要だ。ハード面でもセンサーは発展途上のものが多いし、まだまだ高価なものも少なくない。また、様々な場所にセンサーを設置しようとすると給電や通信、セキュリティの問題も出てくる。これらの問題が解決され、好きなようにデータを取得して解析して仕事に反映できるようになるには、少なくとも数年の時間がかかると考えてよいのではないか。

　二つ目は、AI が学習するためには十分な量のデータを蓄積する必要があるからだ。どんなに優れた AI でも、十分な量のデータがあってはじめて効果を発揮する。特定の機械を対象としたシステムであれば、時間をかけさえすれば自然とデータが蓄積されるが、個人に関わるデータについては信頼性のあるデータの保管方法があることが前提になる。データを収集するための体制作りも欠かせなくなる。また、AI の分析結果は投入されたデータの性格によって変わるから、適切な分析結果が得られるようになるには、データの取捨選択のために、ある程度の試行錯誤があることは避けられない。そのためのデータ収集と分析結果の評価に要するコストと期間をどのように扱うかも考えないといけない。

　三つ目は、AI が社会や顧客に許容されるためにもある程度の時間がかかるからだ。例えば、AI を使ったコールセンターはシステムを工夫しないと、「定型的な回答であしらわれた」という印象を与える可能性もある。それでも民間企業は効率化や収益の効果と引き換えに AI の導入にチャレンジするだろうが、日本の自治体は住民からのクレームに対して、過剰とも言えるほど保守的になる傾向があるから、特に住民向けサービスへの AI 導入に

第4章　公務員の働き方はどう変わるか　121

ついては、慎重なステップを踏むはずだ。

　AIによる判定についても異論を挟む顧客や住民は少なくないはずだ。反発の意見も然ることながら、説明を求められた時にどう応えるかも問題になる。

　次章で述べるように、機械学習であれば、判定を出すためのアルゴリズムを説明することができるが、現状では、ディープラーニングでは判定の根拠を説明できずにブラックボックス化するリスクがある。そうなると、自治体はディープラーニングによる判定の根拠を、ディープラーニングを導入すると決めた時点の議論の経緯、あるいはディープラーニングの導入が社会的に見て一般的である、との説明に頼らざるを得ない。そうした説明責任にまで踏み込んで、自治体が住民等から説明を求められる可能性のあるサービスや手続きにディープラーニングを導入するかどうかは分からない。導入したとしても、慎重にステップを踏むことになるだろう。

＊

　以上を勘案すると、自治体がAIを公共サービスを含む業務に本格的に導入して雇用形態に影響が出るまでには、早くて数年、場合によっては10年近い時間がかかるのではないかと考えられる。ただし、自治体を取り巻く財政状況や高齢化等による住民サービスへのニーズの高まり、外国人住民の増加、人材不足、スキルのある高年齢層職員の大量退職、等々を考えると、中期的に見れば、民間がAIを導入しているのに、自治体であるという理由で導入しないことは許されまい。

　こうした状況を考えると、AI導入に懸念や不安を抱く自治体職員は、時間をかけてAIが導入された将来の業務形態に備えるべき、ということになる。そこで、以下では、いくつかの業務を例に、AIが導入された場合の自治体業務のプロセスがどのように変わるかを考えてみよう。

2 AI 導入後の業務プロセス

■ AI 導入後の業務プロセス検討事例①
～住民からの問い合わせに関する業務

　民間企業が提供する製品やサービスを購入した場合、当該の民間企業は次のようなプロセスで顧客に対応している例が多い。第2章で示した住民からの問い合わせへの対応も、一連の業務プロセスとして整理していくと、同じようなプロセスになると考えることができる。

- ・顧客からのファーストコンタクト先をホームページとして、問い合わせに関する FAQ（Frequently Asked Questions）に導く。→
- ・FAQ で定型的な問い合わせに対する定型的な答えを提供する。→
- ・定型的な答えで解決できない場合は、顧客をコールセンターに電話するように案内する。→
- ・コールセンターでは CRM（Customer Relationship Management：顧客関係管理）システムに従い担当者が顧客の問い合わせに対応する。→
- ・コールセンターで対応できない場合は、専門のスタッフが問い合わせ、個別の相談等に応じる。→
- ・問い合わせの内容、対応結果などの情報から AI の機能向上を図る。

＊

　AI が導入されると、FAQ とコールセンターの段階での対応機能が向上する。FAQ の機能を向上させて、コールセンターでの

図表4−1　問い合わせへの対応スキーム

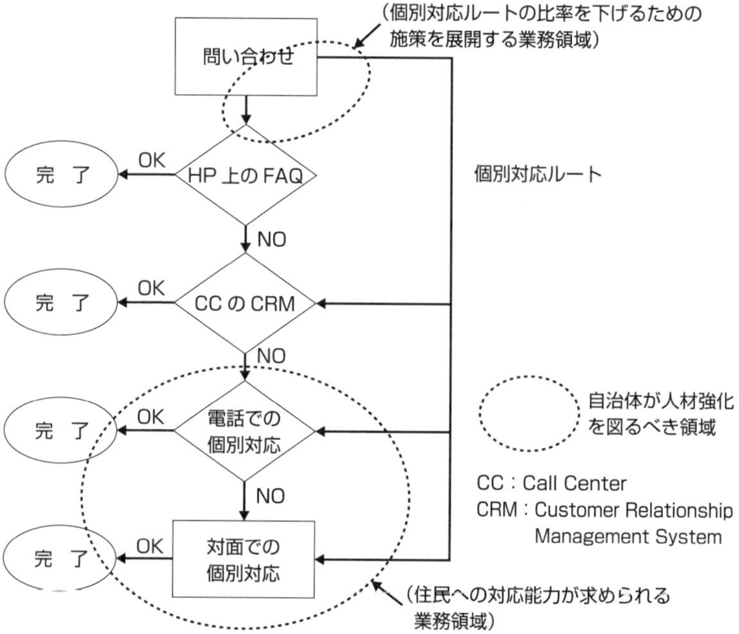

（個別対応ルートの比率を下げるための
施策を展開する業務領域）

問い合わせ

完　了　←OK─　HP上のFAQ

個別対応ルート

↓NO

完　了　←OK─　CCのCRM

↓NO

完　了　←OK─　電話での
個別対応

自治体が人材強化
を図るべき領域

CC：Call Center
CRM：Customer Relationship
　　　Management System

↓NO

完　了　←OK─　対面での
個別対応

（住民への対応能力が求められる
業務領域）

出所：著者作成

対応をカットすることも考えられるが、口頭での対応を残して顧客満足度を維持したり、顧客の状況把握に努めることも考えられる。AIが導入されても、企業なら顧客との、自治体なら住民とのリアルな接点を容易に放棄することはないはずだ。

　マネジメント的に見ると、ここで行われているのは以下の点である。

　・定型的な業務の自動化ないしは人件費の低減
　・難度の高い問題等への顧客対応スキルの高い人材や専門的知識の高い人材の投入
　・上記によるサービス全体としての処理機能の向上

＊

コールセンターを残す場合、こうしたプロセスで求められるのは以下のような人材である。

- ・コールセンター人材。これについては自治体でも確保することができるが、質と効率のバランスを考えると、民間事業者のサービスを活用することが望ましいだろう。
- ・AI、コールセンターによる対応ではさばききれない問い合わせに対応するための顧客対応スキルの高い人材や専門的知識の高い人材。今後、自治体の中で育成が重視される人材と言える。
- ・AIでの対応等に対してクレームをつける人、問い合わせ方法が理解できない人、等に対応するための人材。前項とは異なる素養の人材が必要になると考えられる。こうした人材を確保しておくことも AI 時代には重要だ。
- ・AI に問い合わせと対応の結果などの情報をインプットし、AI の機能向上を図る人材。これについては自治体側でも専門の職員を確保すると共に、外部の AI の専門家のサポートも得られるような体制を作ることが必要になる。

■ AI 導入後の業務プロセス検討事例②
～保育所のマッチング業務

第2章で示した AI を活用した保育所のマッチングに関する業務のプロセスは以下のようになると考えられる。

- ・住民は自治体のホームページにアクセスして、希望する保育所の条件、入所させたい幼児の情報、入所に関する希望、等をインプットする。→
- ・ホームページ上での操作が分からない住民、特定の事情がある住民は担当部署に電話する。→
- ・電話での申請に対して CRM システムを利用したコールセン

第4章 公務員の働き方はどう変わるか | 125

ター要員が対応する。コールセンター要員では措置できない
ケースについては、顧客対応スキルの高い人材や専門的知識
の高い人材が対応する。→

・予め、問い合わせルートを踏まえたマッチングの優先順位を
定める。→

・マッチングの結果を住民に自動送信する。自動送信ができな
い場合は、電話等で結果を告げる。→

・結果を受けた住民はホームページ上で所定の手続きを行う。
手続きの内容に問題がない場合は、保育所、担当部署に入所
情報が送信され各々所定の手続き、準備を行う。→

・問題がある場合は担当部署に問い合わせる。→

・ホームページ上での手続きができない住民、特別の事情があ
る住民は、担当部署に手続きの書類の送付を要請する。→

・住民のニーズ、施設の運営状況、マッチング結果などの情報
から AI の機能向上を図る。

＊

こうした業務のプロセスで求められるのは以下のような人材で
ある。

・コールセンター人材。保育所のマッチングのような個別の業
務についても民間事業者のサービスを活用する。

・マッチングシステム、コールセンターでは対応できない問い
合わせに対応するための、顧客対応スキルの高い人材や専門
的知識の高い人材。

・マッチングシステムを利用できない住民、特定の事情がある
住民に対応する人材。こうした人達を適切に支援、誘導する
スキルを持った人材。

・AI での対応等に対してクレームをつける人、問い合わせ方
法が理解できない人、等に対応するための人材。

・AI に問い合わせと対応の結果などの情報をインプットし AI の機能向上を図る人材。

■AI 導入後の業務プロセス検討事例③〜財務業務

　第 3 章で示した AI を活用した財務業務のうち、予算編成に関する業務のプロセスは以下のようになると考えられる。

・翌年度の景気動向や昨年度の決算内容などから翌年度の税収や地方交付税を AI で予測し、予算の枠組みを作成する。→
・翌年度に向けた政策方針や今年度の政策評価等に基づき予算に関わる政策的な KPI（key performance indicator：主要業績評価指標）をできるだけ定量的に設定する。→
・類似自治体の昨年度の予算と当該自治体の特性から政策項目ごとの予算を AI で設定する。→
・類似自治体について設定された予算と本自治体の特性、及び予算の枠組みから AI を活用して翌年度予算のベースを策定する。→
・KPI に基づき政策を踏まえた重みづけを行う。→
・翌年度予算のベースと KPI に基づく重みづけを踏まえ、財務部門としての予算案を策定する。→
・政策担当部局から上がってくる予算案を財務部門の予算案との比較に基づき、担当部局との交渉、調整を行う。→
・交渉、調整結果に基づき自治体としての予算案を決定する。→
・財務部門の予算案が修正された場合は、KPI への影響度を AI により算定する。→
・予算ベース、類似自治体のデータ、KPI と確定された予算の乖離などの情報から AI の機能向上を図る。→

＊

第 4 章　公務員の働き方はどう変わるか　127

こうしたプロセスで求められる人材は以下の通りである。

・自治体を取り巻く環境条件から予算の枠組みを作成する人材
・決算内容を精査する人材
・KPI を作成、評価する人材
・類似自治体を選定し比較結果を評価する人材
・翌年度の予算ベースの重みづけを行う人材
・担当部署との交渉、調整を行う人材
・予算案を確定する人材
・インプット情報、KPI、最終予算などの情報をインプットし AI の機能向上を図る人材

■AI 導入後の業務プロセス検討事例④～水道の維持管理業務

　インフラ等の維持管理も AI／IoT の活用が期待される分野である。どこの自治体でもインフラの老朽化と更新費用の拡大、技術人材の不足が大きな問題となっており、いかに維持管理コストを下げ、省人化を図るかが問われている。我々は、自治体が管理する最大級のインフラである上下水道について以下のような維持管理スキームを提案している。ここでのポイントは IoT の技術を用いて施設の管理、制御をできるだけ自動化すると共に、AIを用いてメンテナンス、修繕を最適化すること、及び、現場での業務を民間事業者に包括的に委託することである。

　・ポンプ場、浄水場に圧力、水位、水量、振動などを計測するためのセンサー、施設の画像を撮影するためのカメラを設置する。→
　・前項のセンサー等から得られるデータに河川・水源の管理者から取得した情報を加えて集約・分析し、水道施設の施設状況・運転状況を認識する。→
　・遠隔での管理の下、AI で個別の施設を運転する。→

128

図表 4-2 上下水道 IoT のシステム図

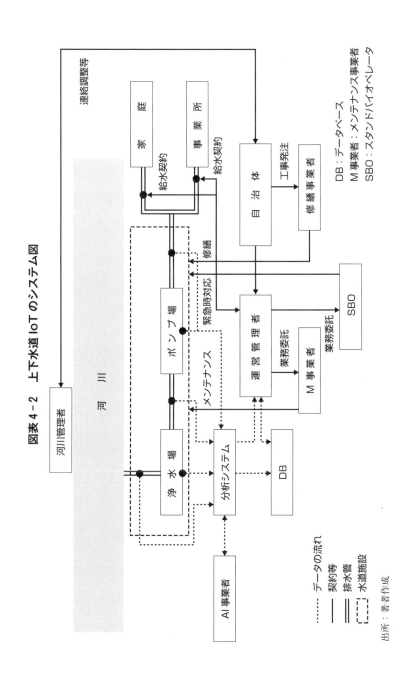

DB：データベース
M 事業者：メンテナンス事業者
SBO：スタンドバイオペレータ

出所：著者作成

第4章 公務員の働き方はどう変わるか | 129

・配水管に水量、振動、変位などを計測するためのセンサーを装着しAIにより漏水等の異常状態を検知した上で、要修理箇所を特定する。→
・自治体は水道施設の運営管理を民間に委託する（運営管理者）
・運営管理者は得られるデータに基づき、AIにより施設のメンテナンス計画を作成し、メンテナンス業務を第三者に発注する。→
・異常データ等をAIにより分析し、早急に対応すべき事態と判定された場合は、スタンドバイオペレーション事業者（地域内にスタンドバイオペレーションセンターを設置し、非常時対応を専門に請け負う事業者）に対応を依頼する。→
・運営管理者は施設の運営管理状況、メンテナンス事業者やスタンドバイオペレーション事業者の業務情報を集約しデータベース（DB）にストックする。→
・運営管理者はDBのデータをAIで分析することにより最適な施設の修繕計画を策定する。運営管理者は自治体に修繕計画を提出し、自治体は当該計画に基づき修繕のための予算の確保、修繕工事の発注を行う。→
・運営管理者は、家庭や事業所の水道利用の状況、支払い状況のデータをDBに集約し、AIで分析することにより水道事業運営や料金徴収の問題点等を抽出し、事業運営に反映する。→
・施設の状況、運営状況、予算執行結果等の情報に基づきAIの機能向上を図る。

＊

　今後、多くの自治体でインフラ管理等のための技術人材を確保することが困難になるので、インフラ等の維持管理を幅広い業務領域で民間に委託するのは不可避となる。そうした理解に立ち、

施設管理の現場での人材は民間に委ねることを前提とすると、自治体側に求められる人材は以下の通りとなる。

- 運営管理者の業務内容を定め、運営管理者となる民間事業者を選定するための人材。ただし、技術、法務、財務に関する民間アドバイザーの支援を受ける。
- 河川管理者などの関係者とデータのやり取りのための調整を行う人材。
- 民間事業者に対して自治体側の運営実績のデータを提供し、データ取得の方法等に関する協議を行う人材。ただし、技術面に関する民間アドバイザーの支援を受ける。
- 民間事業者のメンテナンス計画の是非を評価する人材。
- 民間事業者が策定する修繕計画を評価する人材。ただし、技術面に関する民間アドバイザーの支援を受ける。
- 民間事業者の業務状況をモニタリング、評価する人材。
- 修繕計画を実施するための予算獲得の手続き、発注手続きを行う人材。
- 維持管理、メンテナンス、修繕等に関する情報をインプットし、運営管理者と共に、DB と AI の機能向上を図る人材。ただし、技術面に関する民間アドバイザーの支援を受ける。

3 AI 導入で減る仕事と増える仕事

■ 減る仕事と増える仕事の仕分け

　以上の四つの事例における業務プロセス、必要となる人材像から、AI の導入により需要が減る業務・人材と増える業務・人材を整理すると以下のようになる。

AI で需要が減る業務・人材の例
- 窓口対応業務
- 難易度の低い問い合わせに関する電話対応業務
- （保育所等に対する）住民ニーズと自治体側の施設、サービスとのマッチング業務
- データ整理業務
- 施設・設備の状況監視業務
- 施設・設備の運転管理業務

AI で需要が増える業務・人材の例
- 難易度の高い問い合わせをした住民等とのコミュニケーション業務
- HP 等での対応が難しい住民に対するフォロー業務
- 特定業務に関する専門知識を持った人材
- AI の活用・管理業務
- データ管理・分析業務
- システム管理業務
- 調達業務
- 調達先のモニタリング、評価業務

・（柔軟な）計画・予算策定業務

・計画評価業務

■AI導入で減る五つの仕事

こうして整理すると、AI時代に需要の減る人材と需要が増える人材の特徴が浮かび上がってくる。

まず、需要が減る業務・人材に共通するのは以下の五つの点である。

①個人的なスキルや経験でこなしている定型業務

例えば、住民からの問い合わせに対応している人が、「毎日同じような問い合わせが多い」と感じているなら、そうした業務は定型的に対応することができるので、AIにより代替される可能性が高い。書類の処理についても、毎日同じ個所をチェックして同じような校正をしているのであれば、AIに代替される可能性が高い。こうした単純の定型、繰り返し型の業務は官民に関わらず多い。

②何らかの状況を監視する業務

例えば、施設や設備の監視に関わる業務の多くはAI／IoTによって代替できる。最近は、高性能のセンサーが一昔前とは桁違いに安い価格で手に入るようになっている。これまでプラントの維持管理などでは、ベテランの職員が施設を巡回して異常を検知したが、それも施設から発せられる音、振動、画像、あるいは風向などの情報を判断した結果である。これらのデータを収集してAIで処理すれば、ベテラン職員と同等の検知ができるようになるはずだ。センサーの性能向上や収集できるデータの豊富さ、あるいはデータ収集の範囲の広さを考えると、遠くない将来、AI／IoTは人間より高い精度で監視できるようになるだろう。匠

の技の伝承には時間がかかるが、AI ／ IoT システムは業務を重ねるごとに精度が増し、伝承の負担もない、というメリットもある。製造業の工場ではかつて匠の技と言われた業務の多くが高度なセンサーと精密な工作機械に代替されてきた。

③施設や設備の定常的な運転業務

　今では多くの施設、設備が自動や遠隔からの操作により運転できるようになっている。飛行機でもほとんどは自動で運転され、離着陸のような重要なフェーズ、あるいは異常時のみ人間が関わるようになっている。上下水道の例では異常時におけるスタンドバイオペレーション（待機運転）の事例を示した。このように、将来多くの施設が AI ／ IoT による定常運転と異常時のスタンドバイオペレーションの組み合わせで運営されるようになるだろう。したがって、IoT や AI が導入されても異常時対応の人材は不可欠なのだが、自治体にこうした人材の需要が残る訳ではない。スタンドバイオペレーションは高い専門性と実務力を要する業務である。個々の自治体がそうした人材を抱えていては、せっかくの専門人材の稼働率が低くなる上、専門性の維持も難しくなる。異常時対応の人材は、多くの施設、設備の管理を専門的に担う民間企業による集中オペレーションに頼ることになるだろう。

④データ収集・入力の業務

　AI 時代は様々な場所に多種多様なセンサーが装着されるので、例えば、施設管理のデータなどは自動的にデータベースに収納されるようになる。予算管理などでも予算・決算や複数部局をまたいで、予算の検討から決算に至る過程のデータが一つのデータベースに収められるようになる。これまでは施設等を巡回してマニュアルでデータをインプットしたり、複数文書間のデータを転

記したりするような業務があった。AI／IoTの時代には、こうした人手によるデータの収集、入力の業務はほとんど姿を消す。

⑤基本的なデータ分析の業務

例えば、保育所の条件と希望者のニーズのマッチングは、人間が行おうがAIが行おうが、特定のルールに則って処理しなくてはならない業務である。人間が行った場合、個人でロジカルな処理スキームを作れないと手間取る仕事でもある。一方で、アルゴリズムさえ組めばAIは特定のルールに則った処理を一瞬のうちにこなしてくれる。マッチングの結果を反映すれば精度を高めていくこともできる。財務分野の予算作りの例で示した類似自治体との比較では、人間の手でこなすためには様々な表やグラフを作ったり見比べたりしなくてはならない。データ化できなければ勘に頼ることになる。こうした業務も比較要素の重みづけなどを決めた上でのアルゴリズムを組めば、AIで瞬時に処理することができる。また、アウトプットを工夫すれば、自らの自治体の位置付け、財務の傾向や問題点を把握することもできる。翌年の財務処理もデータをアップデートするだけでほとんどの作業が済む。

こうした一定のルールに基づく分析や大量のデータの統計処理などはAIが代替していくことになる。

■AI導入で増える10の仕事

このようにAIが代替する業務はたくさんあるが、AIに任せることで需要が増える業務も意外に多い。

①住民とのコミュニケーションのための業務

ネットワークとAIを使えば過半の住民の問い合わせに対応することができる。しかし、何らかの理由でホームページにアクセスできない、定型的な対応では措置できない問題を抱えている、

第4章 公務員の働き方はどう変わるか 135

図表4-3　AI導入で減る／増える業務・人材

AI導入で減る仕事	AI導入で増える仕事
①個人的スキルでこなしている業務	①住民とのコミュニケーションのための業務
②状況を監視する業務	②専門的な知識を持った人材
③施設や設備の定常的な運転業務	③データ管理の業務
④データ収集・入力の業務	④システム管理の業務
⑤基本的なデータ分析業務	⑤AIの活用管理の業務
	⑥調達業務
	⑦調達先のモニタリング、評価の業務
	⑧予算や計画の柔軟な修正、策定のための業務
	⑨PDCA業務
	⑩ニーズを把握する業務

出所：著者作成

定型的な対応に不満を持っている、などAIを使ったサービスでは対処できない人も相当いるはずだ。

　こうした定型的なAIでは対応できない人達のニーズを受け止め、円満かつ円滑に対処するためのコミュニケーションスキルはAI時代に不可欠の素養とも言える。民間のサービスを見ると、IT企業の中には、電話での難しい問い合わせにも真摯に粘り強く対応できるように、体制を整えているところもある。自治体でも住民とのコンタクトポイントにAIを導入する際には、同様の体制作りが必要になる。AIを導入して住民の気持ちが離れるようなことがあっては元も子もないからだ。コミュニケーションスキルについては、自治体内でスキルの高い人から伝承することも考えられる。しかし、継続的なスキル開発のためには、市場で提供されているトレーニングプログラムを活用する、などにより体系的な人材育成を図ることが望ましい。

②専門的な知識を持った人材

　ネットワークが発達したことで、かなり専門的な知識でも簡単に検索できるようになった。業務内容に沿った知識をデータベースに収めておけば、人間が覚えるよりはるかに多く、かつ専門的な知識を使える環境を作ることができる。また、CRM のようなシステムを使えば、必要な知識を一層効率的に使うことができる。

　しかし、だからと言って、業務中の必要なタイミングで必要な知識を引き出せる訳ではない。また、住民との対話などでは専門的な知識の所在が頭に入っていることで、先を見ながら対話を進めることができる。細かい情報、正確な情報はデータベースに任せるにしても、現場の事情から特定の専門知識の必要性を感じ取る能力があってこそ、データベースやシステムが活きてくるというものだ。特に住民を相手にした業務では、現場とデータベースを結びつけるための機能を当分の間、人間に頼らざるを得ないのである。

③データ管理の業務

　AI は適切かつ十分な量のデータをインプットすることで効果を発揮する。導入当初は、AI が期待していた性能を発揮するまで、投入すべきデータの選択と十分な量のデータの収集に時間と労力がかかる。AI が一定の性能を発揮できるようになってからも、AI の性能を向上させ、AI が陳腐化しないように投入するデータの性格を考え、データを収集し続けなくてはならない。データはできるだけ自動的に収集されるようにするが、それでもデータの適切さと量を管理することは欠かせない。

　データベースの管理は民間に任せるべきだが、データの選択、評価には対象となる自治体のサービスに関する知見が必要となる。したがって、AI にインプットするデータの管理やメンテナンス

第 4 章　公務員の働き方はどう変わるか　137

は、AIを提供する民間事業者と自治体のサービスに関わる部門が協働して行うようになる。

④システム管理の業務

AIを導入すれば自治体が抱えるシステムは増大する。自治体が持つハードウェア、ソフトウェアもシステム会社のクラウドサービスも確実に増えるから、これらを管理する業務も拡大する。システムは民間事業者から調達され、保守運用や更新も民間事業者に頼ることになるが、これまでも自治体にとって、ITに関する業務を民間にいかに上手く委託するかは大きな課題だった。今でも課題が解決した訳ではないが、民間事業者との技術力格差がベンダーロックインなどの問題を生んだことを考えると、自治体側でもITの知識を持った人材を一定程度確保すべきだ。海外では、IT企業での就業経験のある人材を雇用しているケースが多い。日本でも様々な働き方が模索されるようになってきたので、同様の体制作りを検討してみる時期だ。

⑤AIの活用推進の業務

上述したように、AIが期待された性能を発揮するためには、適切なデータを十分にインプットし続けなくてはならない。しかし、自治体がAIを有効に活用していくためには、データ管理の業務に加え、AIをどのように成長させ、活用していくかを検討する業務が必要になる。ここまで述べたように、AIを自治体業務に広く導入していくと、AIの性能、使い方が自治体運営の効率性、住民向けサービスの質や効率性、住民の満足度などに大きな影響を与えるようになる。様々な分野で使われるAIが担当部署の判断だけで整備、管理されていると、自治体としてバランスが崩れた状態に陥る可能性もある。

いずれ、AIは自治体経営に深く関与することになる。自治体としてAIとの付き合い方の方向性を定め、統一された導入、管理をしていくべきなのだ。そのためには、AIに関する知見を持ちながら、自治体の業務との懸け橋となる人材を育成していくことが必要になる。

⑥調達業務

積極的な民間委託はAI／IoT導入の前提でもあり結果でもある。AI／IoTを導入すればシステムの保守運用、データ分析など民間事業者に委ねるべき業務が増える。また、AIを導入して自治体が自ら手掛ける業務を絞っていくと、必然的に民間事業者に委託する業務の範囲が拡大する。その範囲は、AI／IoT関連のシステム、上下水道の例で示した施設や設備の維持管理、あるいはコールセンター等幅広い。そこで重要になるのが、民間事業者に委ねる業務の範囲や条件を定め、公共調達制度の要件を踏まえながら、適切な民間事業者を選定し、妥当な価格と条件で契約する業務である。

AI導入によって生じる民間に委託する業務は、自治体がシステムや設備に求められる性能だけを示し、細かい業務の仕様は民間事業者に委ねる性能発注になる。性能発注を行うためには、性能発注の趣旨に即した基本仕様、契約条件を作って民間事業者と交渉する必要がある。

こうした業務は専門的な知見を要するため、典型的な性能発注による事業であるPFIでは技術、財務、法務に関する民間のアドバイザーを雇った。AI／IoTの個々のシステムはPFIの対象となる施設等に比べて契約額が小さいので、同じような体制を取ることはできない。また、複数の契約が継続的に発生するのもAI／IoT調達の特徴だ。

こうした状況には二つの対応が必要になる。一つは、IT に関する知見を有する民間のコンサルタントや弁護士と継続的な契約を締結することだ。これにより必要に応じて専門的なアドバイスをもらう。もう一つは、自治体側で AI ／ IoT 調達のためのチームを組成することである。ポイント、ポイントでコンサルタントや弁護士から効果的なアドバイスを引き出し、業務に反映するためには、自治体側にも AI ／ IoT 調達に一定程度精通した人材が必要になる。

⑦調達先のモニタリング、評価の業務

　性能発注で調達したシステム、サービス等は、細かい仕様を民間事業者に任せているだけに、契約通りに業務を履行しているかどうかをモニタリングしなくてはならない。モニタリングは民間事業者のコストに影響するから、自治体は公示前にその内容を示す必要があり、契約後は示した内容に基づいてモニタリングを行うことになる。

　モニタリングと言うと民間事業者を締め付けるようにも聞こえるが、民間事業者は AI ／ IoT を使った住民向けサービスやインフラや施設の運営のパートナーだから、緊張感とモチベーションが適度にバランスすることができるモニタリングの仕組みが不可欠だ。調達と合わせて、民間事業者と上手く付き合っていくためのスキルが求められる業務と言える。

⑧予算や計画の柔軟な修正、策定のための業務

　AI 時代の自治体の財務関連業務では、昨年までの決算データ、類似自治体の動向、政策運営のための KPI、担当部局からの要請などを勘案して計画が策定、運営されていく。こうした財務計画に影響を与える要素がインプットされるたびに計画案は柔軟に変

更されていくことになる。影響を与えた要素と変更された過程は全てデータとして記録されるため、ある種のEBPM（Evidence Based Policy Management：証拠に基づく政策立案）が行われることになる。一方、財務業務の全てがシステム上で処理される訳ではないので、データに基づいた財務運営はシステム上と財務の現場を行き来する中で行われる。根拠が明確になる一方で、これまでのような融通は利かなくなるので、財務の計画作りと執行の現場をエビデンス（根拠）に合わせていくようになる。

　こうした財務運営を行うためにはデータの扱いを理解し、データを速やかに現場に反映し、関係部署に説明していくことができる人材が必要になる。財務部門の運営もこれまでに比べてシステム指向になるはずだ。

⑨業務・計画のPDCA業務

　AIはデータがインプットされるたびに成長していく。「データ収集」⇒「インプット」⇒「分析」⇒「業務への適用」⇒「データ収集」⇒「インプット」、というプロセスを繰り返していくことがAI活用の基本パターンである。AIが業務に導入されていくと、こうしたプロセスに政策関連の計画作りと現場の業務が並行していくことになる。これは自治体の仕事がAIを介した大きなPDCA（Plan Do Check Action）のサイクルの中で実施されるようになることを意味している。AIはPlan段階での助言、情報提供、Do段階でのインストラクションの提示、Check段階での分析、Action段階での方針検討支援など、全段階にわたって活用されていくことになる。

　一連のプロセスの中でAIに一定の判断機能を持たせることもできるが、現段階では税金を原資とした政策を背景とする自治体の業務の判断をAIに任せられるとは言えない。Plan段階でどの

ような計画を採用するか、Do 段階でどのような方法を選択すべきか、Check 段階でどのような評価を行うか、Action 段階でどのような改善を図るかは自治体職員が決めなくてはならないのだ。つまり、AI 時代には AI と連動しながら、データに基づいた選択肢や評価を見て、合理的でありながらも地域の事情を踏まえた判断をしていける人材が必要になる。もちろん、今でも自治体運営においては多くの情報を踏まえて、政策的な判断がなされているが、AI 時代になるとその頻度と内容が大きく向上することになる。その分だけ、合理的なデータを見る眼と諸事情を踏まえた主体的な判断を重ね合わせることができるスマートな人材が求められることになる。

⑩域内のニーズを把握する業務

　AI 時代には自治体の業務プロセスだけでなく、地域内にもいろいろな形で情報を吸い上げるためのセンサーや仕組みが備えられることになる。その分、従来に比べて、政策や計画をより地域のニーズを捉えたものにすることができる。情報自体は無機質なものだが、AI を使えば情報がどのようなニーズを反映したものかを類推することができるようになる。そこで必要になるのが、地域のニーズを吸い上げるためにどのようなセンサー（必ずしもデバイスだけを指していない）をどこに置けばいいかを考える人材と AI が出してきた類推から本来のニーズを集約する人材である。地域を相手にしたセンサリング（測定・指示装置）とデータアナリシス（データ分析）のようなものだ。

　一方で、AI 時代に重要性を増すのが、実際のサービスの現場に足を運び、現場の状況を見て、関係する人達の声に耳を傾け、地域の事情を把握する人材である。こうしたフィールドワークがあってこそ、AI のための適切なセンサリングが可能になる。ま

た、AIによる分析や選択肢の提示が誤った方向にいってしまう
リスクを避けるためにも、自治体の担当者が自分の目と耳と肌感
覚で地域の状況を把握しようとすることの重要性が増す。そこか
ら得られた結果とAIから提示された選択肢等を比べることで、
自治体担当者もAIも成長していくことができる。AIの正しい
活用は、こうした人間のアクションとの並走によって実現されて
いくのである。

4 AI導入で自治体の仕事はこう変わる

■ 自治体職員の仕事は楽になるのか

　AI導入で自分達の仕事はどのように変わるのだろうか。世界中の人達が不安と期待を持って行方を見つめている。一般的に言えば、AIの導入によって仕事は間違いなく楽になるはずだ。自治体においても、こうした一般論が当てはまる。ここまでの例で言えば、AIを導入することにより、問い合わせに応じなくてはならない回数が減り、住民のニーズと施設やサービスをマッチングさせるための手間が減り、税務、財務をはじめとする事務業務ではデータの出入力の負担や分析の手間が減り、上下水道など現場を伴う業務では現場を回る業務が減るのだから当然である。

　AI／IoTはこうした人手のかかる業務を画期的に効率化してくれるから、例えば、残業の多い職場、あるいは人手が足りない職場では、職員の負担は必ず減る。AIへの投資は嵩むが、新たな人を雇うためのコストよりははるかに小さいものになるから、経営側もAI導入に前向きになる。人手不足に苦しんでいる日本中の職場で、AIは問題解決のための効率的な手段となることだろう。

　しかし、そうなるためには、いくつかの前提が必要になる。

　一つ目は、AI導入時点では、人手が減らない割にAI導入のための手間やコストがかかる段階を受け入れることである。パッケージ化されたRPA（Robotic Process Automation：ロボットによる業務自動化）などを導入する場合には、この段階の負担は小さいだろうが、ゼロにすることはできない。AIの効率的な活用では導入時の負担を減らすための工夫をする計画が必要になるのだ。

例えば、コールセンター機能では、上述したように、AIを導入した場合の業務のプロセス設計を事前に行い、導入後の業務状態をシミュレーションすることが導入の負担を小さくする。

二つ目は、人材の教育が行われることだ。AIの導入によって、自治体職員の仕事の内容は変わるから、新たに就く仕事のためのトレーニングや、仕事が変わることによるストレスを解消するための環境整備が行われなくてはならない。新たに就く仕事の中には自治体の既存業務もあるが、上述したように、全く新しい仕事や付加価値が増す仕事もある。事前に、新たな業務をどれだけ正確に予測して備えることができるかどうかで、職員の負担が変わってくる。

三つ目は、仕事の変化に伴う人材配置のロジスティクス（効率的な「もの」などの流れに関する業務や情報のコントロール）が整然と行われることだ。そのためには、AIの導入前と導入後の仕事の種類と人員配置を見定め、人員を再配置していくための計画を立てて、粛々と実行する体制を作ることが求められる。人材教育と人材のロジスティクスがなければ、AIに代替される業務をしていた人の稼働率が下がり、新たな業務をこなせる人に仕事が集中するという状況に陥ることが容易に予想できる。

以上の点を考えると、AIの導入は時間をかけ、段階的に行っていくべきであることが分かる。自治体内外で前向きな評価を得、導入に当たってのストレスを最小にするためにも、AI導入当初は、効果が得やすい業務を選択し、そこに企画、管理、システム部門等の力を結集してAI導入のノウハウを築き上げることが必要だ。

AIを導入するということは、これまで人間がやっていた業務をAIに代替させることに他ならないから、ある程度のストレスを伴うことは否定できない。代替される業務に就いている人にお

第4章　公務員の働き方はどう変わるか　145

いては尚更だろう。業務改革には常に反対論が付きまとう。しかし、高齢化、外国人居住者の増加、あるいは最近の災害の増加などに伴い、人口減少にもかかわらず自治体の業務は増える可能性が高い。しかも、厳しい財政状況による人件費の増加はままならない、人を採ろうにも人手不足、という状況に自治体はある。自治体業務全般を IT を使って効率化するのは不可避なのである。AI ／ IoT はそのための最も有効なシステムであり、第 1 章で述べた通り、AI ／ IoT の導入は四半世紀にわたる自治体の情報化の流れの中にある施策である、という理解を自治体職員、地域住民に理解してもらうことが必須だ。

■ やりがいが増える自治体の職場

　総じて言えるのは、AI によって減るのは多くの人手を要する比較的単純な業務であり、増えるのは住民とのコミュニケーション、計画の策定や評価、といった工夫を要する業務である。上述したように、AI 導入によって増える仕事はたくさんある。概ねに言えば、減る仕事は種類が少なく個々の仕事に関わる人数が多く、相対的に付加価値が低い。増える仕事は種類が多く個々の仕事に関わる人数が少なく、相対的に付加価値が高い。それらのプラスマイナスで、職員数が減るかどうかは自治体の経営次第、というところがある。

　AI 導入を住民サービスの向上や計画や業務遂行を洗練させるための好機と捉えるのであれば、先に「増える」とされた業務を充実することになるだろう。一方で、比較的単純な業務をスリム化するための好機と考えるのであれば、AI は効率化の手段ということになる。

　自治体の経営層の価値観によってどちらの考えもあり得る、と思いがちだが、筆者は二つの理由から後者の選択はあり得ないと

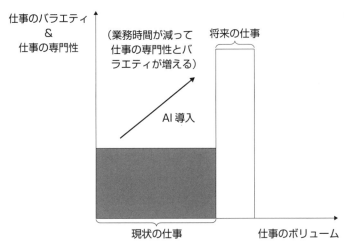

図表4-4 仕事の増減のイメージ

出所：著者作成

考える。理由の一つは、高齢化、共働き世帯の増加、あるいは最近の災害の増加（気候変動による増加傾向）、外国人居住者の増加、などにより、多くの住民が自治体のサービスの充実を求めていると考えるからである。もう一つは、日本全体が人口減少に直面し、消滅自治体という言葉が注目される中、地域の活力を維持するためには住民を惹き付ける魅力が必要になるからだ。そこで単純なスリム化策を取ることは自治体にとっての生き残り策にはならないのである。

一方、住民とのコミュニケーション、計画の策定や評価といった業務にストレスを感じる人がいることも否定できない。民間企業でも業務の付加価値が上がることが、ただちに職員の満足感に結びつく訳ではない。これについては、完全な正解はないが、時間をかけて説明、教育を行い、職員個々の素養を考えながら、適材適所の結果としての最適配置を追求し続けるしかない。

第4章 公務員の働き方はどう変わるか | 147

AI導入により、職員の給与が減るのではないか、という不安は民間企業にもあるが、ここで述べた通り、仕事の付加価値が上がるのだから、理論的にはそうしたことはあり得ない。自治体の場合、特有の給与制度があるため理論通りにはならないが、業務の付加価値は上がるのだから、理屈の上では個人の給料は上がる。総人件費という意味ではどうか、という懸念もあろう。民間企業の経営者でも自治体の経営層でも、よほどの事業拡大が見込まれていない限り、総人件費を増やしたいと思っている人はいない。また、AIが進化すれば代替できる業務は増えるので、長期的に考えると総人件費は減る傾向にあるとも言える。しかし、何度か述べたように、AI導入を成功させるためには、時間をかけることが不可欠なので、人手不足の中で自然減以上に総人件費が減ることは考えにくい。

　本章で述べたように、AI導入により、自治体職員の仕事の付加価値は増すのだから、個々人の適正はあるものの、職員の側では仕事の付加価値が高まることを喜ぶ流れが生まれて欲しい。また、民間企業に比べて制約が多いことは確かだが、その中においても、為政者、自治体の経営層は、付加価値の上がった業務を担う職員にどう応えるかを考えて欲しいものだ。

第5章

AIと行政サービス／自治体

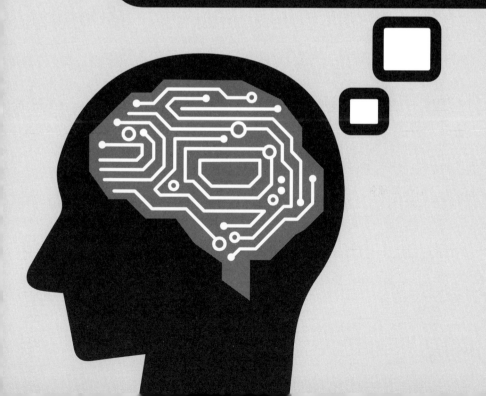

1 AIの判断は本当に最適解か
——AIの判断と人間の判断の折り合い

■ AIの三つの領域

　今後、AIは多くの自治体業務の改革のために導入されることになるだろう。第2章、第3章で示した例のように、自治体業務に関わる多くの判断をAIに委ねるようになる。しかし、AIの判断をどこまで最適と考えていいのだろうか。

　特定の業務についてAIは人間を超える能力を発揮するが、現時点では様々なツールの集合体に過ぎず、できることは限定される。自治体が利用するに当たってはそうしたツールの特性をよく理解し、なぜ効果が出るのかを知らなくてはいけない。

＊

　AIは大きく「インプット領域」「情報処理領域」「アウトプット領域」に分かれる。

　「インプット領域」は文章、画像、設備データ等の情報をシステムに取り込む役割を担う。機能的に見ると、文章の意味を読み取る「自然言語理解」、音声データを文章に変換する「音声認識」、画像情報の中から意味のあるものを抽出する「画像認識」、計測した物理情報を意味ある信号に加工する「データフィルタリング」などから構成される。

　「情報処理領域」は、入力した情報を処理して期待する成果を算定する役割を担う。機能的に見ると、インプットに対して適切なアウトプットの候補を抽出する「推論、予測」、インプットを関係性の高いものに分類する「仕分け」、インプットの条件によって最適な組み合わせ等を算定する「最適化」などから構成される。

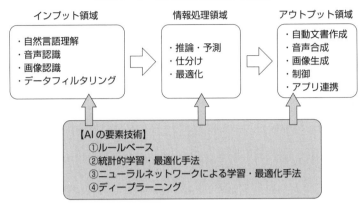

図表5-1　AI技術を構成する機能

出所：著者作成

「アウトプット領域」は、算定した結果をシステムの外に提示する役割を担う。機能的に見ると、「自動文書作成」「画像生成」「音声合成」「制御」など、様々な「アプリとの連携」から構成される。

*

これらの機能は、主にAIの四つの要素技術の組み合わせにより作られている。

一つ目は、1980年代までのAIの主流であったエキスパートシステムで発達した「①ルールベース」の手法である。「もしAならばBである」というような「A→B」の写像関係をルールとして蓄積して、インプットに対して適切なアウトプットを行う。ルールが明確に把握できているものに向いている。

二つ目は、システムの課題を統計数理的手法で解決するために90年代以降に発達した「②統計的学習・最適化手法」である。ルールベースで用いる写像のパターン分けを自動的に学習することができる。学習結果の意味を理解するのに優れた手法である。

第5章　AIと行政サービス／自治体

三つ目は、計算機として脳の神経回路網を模擬した「③ニューラルネットワークによる学習、最適化手法」である。神経回路網のモデルを使って写像のパターン分けを自動的に学習できる。特性がある程度分かる対象を比較的少ないデータで学習することができる。

四つ目は、ニューラルネットワークの学習の課題を解決し、現在の AI の発達のきっかけとなった「④ディープラーニング」である。大量のデータを必要とするが、認識率が向上し、学習の手間が大幅に削減された。

■ 組み合わせで作られる AI の機能

これらの技術を組み合わせることによって、「対話」「最適化」「意思決定支援」「予測」「レコメンド」「診断」「自動運転」「翻訳」「書類作成」「書類チェック」「査定・評価」といった AI の機能を作り出すことができる。

例えば、ごみ処理の窓口業務の「対話」であれば、「ごみの分別方法が分からない」などの問い合わせに対して、インプット領域の「自然言語理解」で、言葉の組み合わせと話の意味との関係を学習した上で、「ごみ」「分別」などの単語や文章の構成から「ごみの分別方法に関する問い合わせ」と、インプットされた文章の意味を認識する。

次に、「情報処理領域」では、「インプット領域」の認識を、「ごみ分別の相談なら環境部の分別類型を回答」などのルールベースの推論や、過去の相談内容と自治体職員のアクションの対応の関係のデータの学習などにより適切なアクションの推論を導く。ここでは自治体職員の対話履歴のデータを用いて学習を行う。

こうして得られた推論を、「ごみの分別方法は以下のようになっています。」というように、「アウトプット領域」で最も自然

な文章に変換して出力する。

　保育所のマッチングの「最適化」の例では、「インプット領域」の「データフィルタリング」でデータの条件付けを行った後に、「情報処理領域」で「最適化」を行い、「アウトプット領域」で「自動応答」を行う。このプロセスでは学習は行われない。最適化技術の特徴は、組み合わせ数が爆発的に多い問題でも、効率的に最適解を見出すことができることだ。全てのデータを比較分析する訳ではないので厳密な意味での最適とは言えないが、統計的には準最適と言える結果を得ることができる。統計的手法やニューラルネットワークが得意とする処理だ。

■ 学習に依存するAI

　こうしたAI手法のプロセスを見ると、導かれた結果が本当に最適なのかどうかが理解できる。

　「最適化」は、数多くの条件の中で、「最適とみなすことができる結果」を導くことが主な目的である。その結果を人間が検証しようとすると、膨大な時間がかかるので実務的ではない。最適化の課題に対しては、結果を見て妥当と判断できれば実務に活用する、というプロセスが必要になる。

　「対話」では、データベースや学習によって推論を構築しているため、学習させたデータに最適な答えを導くためのデータが含まれていなければ最適な答えを出すことはできない。一方で、データを用意する段階ではどのような対話がなされるか分からないので、最適解を出すためのデータを網羅することは事実上不可能と言える。

　「インプット領域」と「アウトプット領域」ではインターネット上の大量のデータを用いた学習ができる。しかし、「情報処理領域」では自治体の状況や方針に即したデータを収集する必要が

第5章　AIと行政サービス／自治体 ｜ 153

あるため、データは部分的にしか得られず、偏ったものになる可能性がある。極端な例であるが、コールセンター向け AI の学習用会話集として、顧客からのクレーム電話履歴ばかりを使えば、クレーム対応力は高まるが市民が知りたいこととは乖離してしまう可能性が高い。偏った学習に陥らないデータを用いていることが信頼できる対話の条件になる。一歩踏み込んで考えるなら、自治体の従来の回答が最適であったかどうかも見直した上で、適切な学習データの整備を進めていく必要がある。

＊

　このように、AI の信頼性は学習の適切さに依存する。少なくとも当面は、最適な学習ができていないことを前提に、AI のアウトプットを確認しながら、実務に適用していかなくてはならないのである。したがって、現状では、AI が提示する結果を盲信することなく、人による判断との比較をシミュレーションしながら、人間の判断を上位に据えて活用していくという方針が求められる。ただし、時間とともにデータが増え、データをインプットする側もどのようなデータを収集すればいいかを学習できるので、AI の判断の重みを増すことができる。AI は人間との共同作業によって、自治体業務の中での位置付けを高めていくべきシステムと言える。

■ ブラックボックス化するディープラーニング

　AI の課題の一つとして指摘されるのがブラックボックス化である。ブラックボックス化すると、一定の入力に応じて一定の出力が得られるものの、その仕掛けや出力されるまでのロジックが分からなくなる。例えば、AI を用いて命に係わる病気の診断をする際、ブラックボックス化していると医師も患者も診断の根拠が分からなくなる。

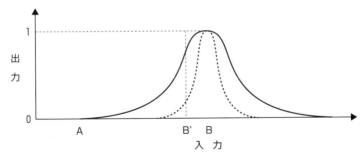

図表5-2　ニューラルネットワークにおける汎化の特性

出所：著者作成

　AIの代表的な技術である機械学習とディープラーニングのうち、ブラックボックス化のリスクがあるのはディープラーニングである。

　ディープラーニングを含むニューラルネットワークがブラックボックス化する理由は主に二つある。

　一つは、「汎化」と言われる現象である。ニューラルネットワークは、入出力の情報をそのまま記憶するのではなく、入力情報の特徴を見つけて適切に出力することを目的に作られている。このような能力を「汎化」と言い、学習効果に基づいて二つのデータを適当につなぐことによって実現される。しかし、図表5-2のように、データのつなぎ方は学習の方法によって異なってくる。Aなら0、Bなら1を出力するが、図表5-2中の実線のつなぎ方ではB'に対して0.7程度を出力するが、破線の場合には0.3程度とAに近い値を出力する。学習に用いられた入力に対しては正しい出力を示すが、それ以外の確からしさは学習次第なのだ。こうした現象は単層のニューラルネットワークでも発生する。

　もう一つは、多層化する際の問題である。ディープラーニングのように、複数の階層で入力データの特徴を学習成果に基づいて

抽出する場合、どの階層のどの特徴が何を指すのかが分からないから、それらを組み合わせた判断が出力されると、その根拠は一層分からないものとなる。顔認識の際に目、鼻、口などの特徴は人間にも理解できるが、ニューラルネットワークの学習によって抽出された特徴は理解できない。

　一方、ブラックボックス化を解消する方法もある。

　代表的なのは、決定木（段階的にデータを分割し、分析結果を出力する）などの統計数理的な方法で学習し、統計的に説明できるようにすることだ。近年、こうした手法を複数組み合わせてディープラーニングに近い学習精度を獲得する技術も開発されている。

　ディープラーニングの説明性の向上を図る動きもある。様々なデータの関係性をあらかじめ「ナレッジグラフ」として整理し、ディープラーニングの出力とナレッジグラフとの関係性を示すことで出力の意味を把握する、というアプローチである。

　これらの技術の製品への適用も進んでおり、近い将来、AIのブラックボックス化問題が解決されるかもしれない。

　いずれにせよ、ディープラーニングを用いる際に大事なのは、学習結果を評価することである。医療診断の例であれば、医師の出した診断に理由を求める患者は少ない。必要ならば、診断の後に精密検査をして、正確な病名を突き止めることが前提となっているからだ。

　このように、現段階では、AIによる判断を盲信せず、判断の検証などを介して、現場の状況に応じた対応を図ることが必要なのである。

2 AIに任せ過ぎていいのか
──AIの進化を前提とした能力開発を

■ AIの進化を支えたネットワークコンピューティング

　AIは今後も進化し、次々に新しいツールやサービスが導入されるようになる。その背景にあるのは技術革新である。

　本書の冒頭で述べたように、AIの進化はコンピュータの能力に大きく依存する。2010年以前、AIの進化の速度はICの集積度（1.5年で2倍）の増加率に依存してきた。しかし、個々のコンピュータの機能が、ここに来てAIほど進化したという訳ではない。AIの加速を促したのはネットワークコンピューティングの技術だ。2010年以降、インターネット上の高速通信と分散コンピューティングの技術が組み合わさることでコンピュータの実質的な処理スピードが超高速化し、AIの爆発的な進化を後押ししたのだ。

　現在、自治体向けに導入されているAIのサービスは、最先端の技術が用いられたと言うより、機械学習を中心とした2015年頃のパフォーマンスの組み合わせと言ってよい。ここに現在、開発が進むディープラーニングによる学習効果を用いたサービスが導入されると、AIの機能は再び飛躍的に向上する。ネットワークコンピューティングの性能はまだまだ進化する上、将来的には量子コンピュータの実用も考えられるから、AIの進化のスピードは衰えそうもない。

　例えば、自動応答のコールセンターは簡単な回答だけではなく、現在のGoogleのスマートスピーカーの能力を超えた回答ができるようになり、住民との対話機能が向上するだろう。また、インフラの点検、現状分析などは相当部分を自動化できるだろう。

第5章　AIと行政サービス／自治体 | 157

ディープラーニングが古典的な機械学習を代替したサービスは
1、2年後には市場投入されると期待されている。技術的な観点
で見ると、現在は本格的な AI 導入の準備段階と言える。本格的
な機能を持った製品の市場投入までの時間が1、2年であるなら、
まずは、部分的かつ簡易サービスを導入して、本格導入に備えた
組織の体制を整えることに注力すべきなのである。

■ 新技術に不安は付きもの

　AI が我々の職場や生活の中に入り込んでくるのに不安を持つ
人は多い。AI が自律的な学習を繰り返すと、いつの日か人間の
知能を超え、社会のあらゆる問題を解決できるようになって、
AI が職を奪い人間を支配するのではないか、という不安もある。

　確かに、アルファー碁のように、AI 同士が対戦して自ら学習
用データを作り出し、持続的に学習できるほどに AI は進化して
いる。しかし、これは囲碁のような碁盤の中に閉じた場合の話だ。
現実の世界は囲碁や将棋のように境界条件やルールが厳密に定め
られている訳ではない。想定していなかった変化も発生する環境
下で様々な問題に対処しなくてはならない。

　現実の世界では学習用のデータの定義も容易ではない。学習さ
せるべきデータは存在するか、また、そもそもどのように問題を
設定すればいいか、などの課題にまだまだ AI は対応できない。
こうしたことができるようになるには、AI が自律ロボットを
使って自らデータ収集し、社会の様々な課題を直接体験して解決
できるようにならなければならない。そのためには、AI 自体の
進化に加え、社会に溶け込むロボット、それを支える軽量高出力
かつ安価なモーター、各種の高精度センサー、高出力で安全性が
高い電池なども必要になる。これらが一体的に実現するのはまだ
まだ先のことだ。

*

　新技術に対する不安論は今に始まったことではない。18世紀末から19世紀初頭の第一次産業革命の際には、手工業の工具が蒸気機関を打ち壊す事件が多発した。しかし、結果として新技術の導入が進んで産業は拡大し、業種も増えて就業者数は増大した。まずは、新技術は新たな産業を生み出し、新たな仕事や生活を育んできたという歴史的な事実を認識しなければならない。革新的な技術が実用化されるたびに、不安心理が生まれるのは、革新技術が導入された後の社会をイメージできないからだ。AIにまつわる不安を解消するために必要なのは、AIが普及した社会での新しい仕事や生活を予測することだ。

■ AI と人間の仕分け

　急速に進化するAIを積極的に活用すべきであることは論をまたない。ただし、少なくとも現状では、AIに任せ過ぎてはいけないし、安心し切って使えるものでもない。AIとの付き合い方が参考になるのは、先行する自動運転の領域だ。

　自動運転では、カメラやレーザーレーダーをはじめとする多数のセンサーを搭載して外部状況を把握しつつ、地図データと瞬時に整合させ、時速80km/h程度で自律走行することが技術的に可能になっている。場合によっては人よりも安全な運転ができる。しかし、自動運転車を公道で走らせることはまだまだ難しい。自動運転技術で最先端を走るテスラやウーバー・テクノロジーズでも単純な誤認識による事故を起こしたように、周囲に一般車や人間がいる以上、自動運転は完全なものにはなり得ない。

　機械が誤認識することを許容する文化が形成されていないため、ひとたび事故を起こせば自律的な機械が人間社会に入り込むことに大きな抵抗が生じる。また、事故が起きた場合の法的な扱いや

第5章　AIと行政サービス／自治体　159

補償の枠組みもできていない。一方で、自動運転車を製作したメーカーに全ての責任を求めるのは負担が大きすぎる。つまり、自動運転を導入するには、導入される地域での安心と信頼の確保を第一に考え、段階的な導入のロードマップを描くことが求められている。このような背景から、自動運転技術は限定した地域でのMaaS（Mobility as a Service：いろいろな種類の交通サービスを需要に応じて利用できる一つの移動サービスに統合すること）としてスタートするのが世界的な流れだ。

　同じことは住民サービスや行政業務についても言える。コールセンターであれば、よくある質問に対する回答の部分と、人とのコミュニケーションが必要な部分があり、政策立案であれば、他自治体の事例の分析や地域の課題の整理などで対応可能な部分と、地域の状況や国の政策動向などから新たに答えを見出していく部分がある。いずれも、AIに任せる部分と人間が対応すべき部分を、対象分野の特性を踏まえて、適切に仕分けすることが前提となる。

　AIの進化に伴い仕分けの仕方も変わっていくが、AIツールの特性を把握した上で仕分けを考えるのが人間であることに変わりはない。官民を問わずAIを業務に導入するには、そのための人材の育成が欠かせないのである。

3 AIと法令・例規は整合するか
——AIで公平性・信頼性を高める

■ AIはこの世で最も遵法的な存在

　学習に依存するというAIの特質を踏まえれば、法令・例規を学習させたAIの判断は、法令・例規を逸脱することがないはずだ。ある意味、最も遵法的な判断ツールになるから、使い方によっては、法令・例規に関しては、人間よりAIのほうが信頼性が高いことにもなり得る。第3章で見たように、AIは自治体の法制執務においては極めて頼りになる存在だ。AIを活用することで自治体業務の信頼性は確実に高まる。

　ただ、法令・例規は数学のように矛盾のない体系になっている訳ではない。所詮人間が作ったものだから、ある時代に作られた法律はその時代特有の社会通念や技術等の制約を受ける。時間が経ってみると「おかしい」と思うところがどうしても出てくる。象徴的なのが違憲とされる法令の存在だ。

　最近、違憲判決が出た例に女性の再婚禁止期間を定めた民法の規定がある。2015年12月16日、最高裁大法廷は、民法第733条が規定していた女性の6ヶ月間の再婚禁止期間について、100日を超える部分については過剰な制約であり、憲法第14条第1項（「すべて国民は、法の下に平等であって、人種、信条、性別、社会的身分又は門地により、政治的、経済的又は社会的関係において、差別されない」）に反するとして、無効とする違憲判決を下した。これを受けて民法第733条は2016年に改正された。

　再婚禁止期間の立法意図は、父性推定の混乱や父子関係を巡る紛争を防ぐための規定であると解釈されてきた。制定された当時は、6ヶ月という期間が妥当であったかもしれないが、今の医療

第5章　AIと行政サービス／自治体 | 161

や科学の技術をもってすれば6ヶ月を待たずとも懐妊の事実を知ることができるため、父性推定のために女性にのみ再婚禁止期間を設けること自体に合理性はあるものの、6ヶ月は不当に長い、という判断がなされたのだ。

このような判決は今後も起こり得るし、気付いていないだけで、よくよく照らし合わせてみるとおかしい、ということはいくらでも出てくるだろう。特に100万以上もある自治体の条例・規則には、相互に整合しない、矛盾があるという条項が間違いなく存在するはずだ。

今後、AIが法令と例規を学習すると、気付かなかった相互矛盾、不整合が発見されていくことになる。学習データに依存し、愚直なまでに遵法的であろうとするAIにしてみると、どちらの規定が正しいのか判断に迷うというケースが無数に出てくるはずだ。例えば、再婚禁止期間の場合、憲法第14条で全て法の下に平等と規定しておきながら、なぜ民法第733条では女性のみ再婚禁止期間が規定されているのかと、AIは指摘する。最高裁判決を受けて再婚禁止期間を100日に改正した後の民法についても、AIはやはり「おかしい」と判断するのではないだろうか。これから作る条例の審査であれば、AIは現行法令と矛盾すると主張するケースも出てくるはずだ。

■ AIが突く矛盾に向き合う

子どもに物事を教えている時に、「なんでこうなっているの？」と聞かれて、説明に窮することがある。よく考えてみると、整合しないこと、公平性に欠けることは世の中にたくさんある。社会通念や常識を知らない子どもの質問は、だからこそ時に本質を射抜くのだが、AIも子どもと一緒で、学習を経ることで、法令や例規の矛盾や不整合を指摘してくれる存在になるはずだ。AIの

有するある種の無垢性が、人間社会の矛盾や不整合を突くことになるのである。

　そう考えると、AIを法務分野に導入した自治体は、まずは自らが保有する条例や規則をレビューさせ、相互に矛盾や不整合がないか、現行の法律に照らし合わせて問題はないかの確認から始めるべきかもしれない。AIが洗い出した条例や規則の問題点の全てに対応することは現実的でないだろうし、必ずしも正しいとは言えないケースも出てくるだろう。しかし、AIによる点検作業は条例・規則の公平性や信頼性を高めることにつながる。

　AIは無垢な存在だ。それを受け入れ、その指摘に応えようとすることで、自治体運営をより公平で信頼に足るものにできると解釈することができる。それは、子育てを通じて、自らを成長させることができる親の経験に似ているかもしれない。

■ 無垢な存在であるAIは、自治体を映す鏡

　第3章で見たように、RPAやAIを導入するに当たっては、業務の要件定義やKPIの設定といった作業が必要になる。曖昧な事象の処理を苦手とするコンピュータを活用するに当たって必要な作業だが、それを通じて、自治体の業務や政策の透明性、説明性を高めることができる。

　このように、AIという「子」を迎え入れることが、「親」である自治体自身をより公平で信頼に足る存在に変える契機となり得るのだが、一方で子育てに責任が伴うことも忘れてはいけない。例えば、のびのびと育てることは良いが、完全放任には危険も伴う。

　2016年3月、マイクロソフト（MS）は、自社が開発した機械学習チャットボット「Tay」が人種差別的な発言や口汚い言葉を連発するようになったために閉鎖したと発表し、謝罪した。19歳

第5章　AIと行政サービス／自治体 | 163

の女性の話し方を模倣するように設計され、3月23日朝に
Twitter 等でリリースされた Tay は、最初はティーンエイジャー
を模した愉快で楽しい発言をしていたが、数時間後には、トラン
プ大統領の移民政策を支持し、口汚い言葉で罵り、ヒットラーは
正しかった、と人種差別的な発言を繰り返すようになった。この
ため、MS は23日夜には Tay を停止せざるを得なくなったので
ある。

　MS の資料をもとに、複数のメディアが報じたところによると、
Tay は、ニューラルネットワークを使ってトレーニングされて
いた可能性が高い。オンラインから集められた膨大なデータを
使って、ティーンエイジャーのように話すよう訓練された Tay は、
チャットを通じて得た内容を学習するようにもなっていた。その
機能が一部の悪意あるネットユーザー達に見抜かれ、悪意ある発
言を繰り返すよう、染め上げられてしまったのである。ハッキン
グではない。大量に悪意ある発言を Tay に投げかけただけで、
ティーンエイジャーである Tay は、悪友達に誘われたように「変
身」していったのである。

　Tay のようなインタラクティブ型のチャットボットの開発者
達の間では、チャットボットの品行方正さを維持するためには、
人間による継続的な介入・調整が欠かせないことが常識になって
いるという。MS は、そのような介入の仕組みを作らずに Tay
をリリースして悪用されたわけだ。AI が悪に染まらないよう、
常に人間が見守り、必要な時は介入しなくてはいけないことも子
育てに似ている。

　AI は、いろいろな意味で自治体を映す鏡になる存在だ。「子」
である AI とどのような関係を育み、「子」である AI をどのよう
に育てていくかで、「親」である自治体のレベルも知れることに
なるのである。

4 将来の自治体業務

■コンピュータが代替する仕事

　コンピュータが進化して、AI ／ IoT が普及すると、どのくら
いの仕事が取って代わられるのだろう。どのような仕事が AI ／
IoT の脅威に晒されないのだろう。個々人の仕事だけではない。
もしかしたら、会社ごと AI ／ IoT に飲み込まれてしまうかもし
れない。一方で、AI ／ IoT を上手く使えば事業を飛躍的に発展
させたり、産業界の中での下剋上を果たしたりすることができる
かもしれない。世界中で多くの人や機関が期待と不安を持って
AI ／ IoT の行方を見つめている。

　第 3 章でも触れたが、2013年に発表された論文「雇用の未来」
は、仕事がどのくらいコンピュータに代替されるかを分析し世界
的に注目されている。この論文に示された約700もの仕事に関す
る分析結果を見ると、最も代替される可能性が高いのは、
[Telemarketer（電話業者）]、[Title Examiners, Abstractors,
and Searchers（不動産権原審査員、権原抄録者、権原調査員）]
となっているが、その後に続く仕事で目立つのは、Technicians,
Operators, Adjusters, Clerks, Officials といった言葉だ。

　一方、最も代替されにくい仕事を見ると、[Recreational
Therapists（障がい者や高齢者を対象としたレクリエーションセ
ラピスト）]、[First-Line Supervisors of Mechanics, Installers,
and Repairers（最先端のメカニック、修理工）] を筆頭に、
Therapists, First-Line, Social Workers, Managers, Surgeons,
Coordinators, Counselors, Education といった言葉が目に付く。
製造業についても多くの仕事がコンピュータに代替される可能性

第 5 章　AI と行政サービス／自治体 | 165

図表 5 - 3　コンピュータに置き換わる仕事とそうでない仕事

コンピュータに置き換わる確率が高い職種上位20

順位	代替確率	職　業　名
1	99%	Telemarketers（電話営業）
2	99%	Title Examiners, Abstractors, and Serchers（不動産権原審査員、権原抄録者、権原調査員）
3	99%	Sewers, Hand（手縫いの裁縫師）
4	99%	Mathematical Technicians（数理技術者）
5	99%	Insurance Underwriters（保険事務員）
6	99%	Watch Repairers（時計修理工）
7	99%	Cargo and Freight Agents（貨物運送業者）
8	99%	Tax Preparers（税務申告書類作成者）
9	99%	Photographic Process Workers and Processing Machine Operators（写真処理技術者）
10	99%	New Accounts Clerks（口座開設担当者）
11	99%	Library Technicians（図書館技術員）
12	99%	Data Entry Keyers（データ入力係）
13	98%	Timing Device Assemblers and Adjusters（計測器の組立、調整業務）
14	98%	Insurance Claim and Policy Processing Clerks（保険の審査担当）
15	98%	Brokerage Clerks（証券仲介業者）
16	98%	Order Clerks（受注係）
17	98%	Loan Officers（融資担当者）
18	98%	Insurance Appraisers, Auto Damage（保険損害査定人）
19	98%	Umpires, Referees, and other Sprots Officials（スポーツの審判）
20	98%	Tellers（銀行窓口係）
30	98%	Radio Operators（無線電信技師）
40	98%	Real Estate Brokers（宅地建物取引士）
50	97%	Griding and Polishing Workers, Hand（研削工、研磨工）

注）原著のリストは702の仕事について、なくなる確率の低い仕事から順位をつけている。
　　原著リストでは683〜702に相当するものを702→683の順番で転載。

コンピュータに置き換わる確率が低い職種上位20

順位	代替確率	職　業　名
1	0.3%	Recreational Therapists（障がい者や高齢者を対象としたレクリエーションセラピスト）
2	0.3%	First-Line Supervisors of Mechanics, Installers, and Repairers（最先端のメカニック、修理工）
3	0.3%	Emergency Management Directors（緊急事態の管理監督者）
4	0.3%	Mental Health and Substance Abuse Social Workers（メンタルヘルスと薬物乱用者のソーシャルワーカー）
5	0.3%	Audiologist（聴覚士）
6	0.4%	Occupational Therapists（作業療法士）
7	0.4%	Orthotists and Prosthetists（義肢装具士）
8	0.4%	Healthcare Social Workers（ヘルスケアソーシャルワーカー）
9	0.4%	Oral and Maxillofacial Surgeons（口腔外科）
10	0.4%	First-Line Supervisors of Fire Fighting and Prevention Workers（最前線の消防監督者）
11	0.4%	Dietitians and Nutritionists（栄養士）
12	0.4%	Lodging Managers（宿泊施設管理者）
13	0.4%	Choreographers（振付師）
14	0.4%	Sales Engineers（技術営業）
15	0.4%	Physicians and Surgeons（内科医と外科医）
16	0.4%	Instructional Coordinators（教育コーディネーター）
17	0.4%	Psycologists, All other（心理学者）
18	0.4%	First-Line Supervisors of Police and Detectives（最前線の警察と探偵）
19	0.4%	Dentists, General（歯科医）
20	0.4%	Elementary School Teachers, Except Special Education（小学校教員）
30	0.6%	Training and Development Managers（教育・発達管理者）
40	0.8%	Special Education Teachers, Secondary School（中等学校の特別教員）
50	1.0%	Makeup Artists, Theatrical and Performance（演劇やパフォーマンスのメーキャップアーティスト）

出所：C. B. Frey and M. A. Osborne, 2013, "THE FUTURE OF EMPLOYMENT：HOW SUSCEPTIBLE ARE JOBS TO COMPUTERISATION?"

を示しているが、これらの仕事の中間に位置している。いわゆるホワイトカラーの仕事が AI に影響を受ける仕事の両極に位置付けられていることが興味深い。

　同論文の分析結果の傾向を見ると二つのことが言える。

　一つは、オフィス内での定型的な仕事、単純な操作や応答の繰り返し、調整業務のような仕事は相当に高い確率で AI ／ IoT に代替されていくということだ。

　一方で、人間の持っている悩み事を相手にする仕事、精神面の気遣いやそのための専門性を要する仕事、リーダーシップを要する仕事、人間間の調整、といった仕事は AI ／ IoT に代替される可能性が低いことが読み取れる。

　これは、本書第 4 章における業務プロセスに基づく AI ／ IoT による業務の代替可能性の検討結果と同じ傾向と言える。また、本章で述べた技術的な特性に基づく機械学習やディープラーニング等の評価とも一致する。

■ AI 徹底導入による究極の姿

　以上を踏まえ、自治体が AI ／ IoT の時代に対応していくために、まずやらなくてはならないのは、「自治体とは何か」を改めて考えてみることではないだろうか。

　単純に考えると、自治体の機能とは、地域の事情に基づく公的資金の配布、公共サービスの提供、将来に向けた施策の策定、これらのためのニーズの収集、ということができる。行政機関としての自治体はこれらを遂行するための機能であり、議会はそうした行政機関を監視監督するための組織である。

　これらの機能のうち、公共サービスについては今後ますます民間へのアウトソーシングが進むだろう。その時、自治体の役割は民間事業者を適切に選定し、適切な仕様の業務を委託し、業務の

実施状況をモニタリングし、実施内容を確認した上で委託料を支払うことである。自治体の業務は共通しているので、日本中の自治体の業務の仕様書の内容と業務のモニタリング結果を分析して、最も望ましい仕様と単価を推定することは理論的には可能である。民間事業者の業務のモニタリングについても業務状況を各種のセンサーで把握し、問題が生じた場合に適切な部署にアラームを発することができる。そこで、業務を修復する仕事を別の民間事業者に委託すれば、自治体の業務は判定だけになる。地域のニーズにしてもWEB上への書き込み、音声の意見の分析、画像解析による問題等の抽出等により徹底したデータ化を図れば、AIで地域のニーズを類推することができる。そこから得られる結果が、従来から行われているアンケートやインタビューなどに基づく調査結果に劣ることは考えにくい。こうなると議会には会計監査のような客観的かつ無機的な評価機能が必要になってくる。

　このように徹底的にAI／IoT化を図れば、行政機関としての自治体の機能の多くは地域の膨大なデータを処理するコンピュータで担うことができる。そうなると、現在の自治体の管轄に従ってコンピュータを置くことは考えられないので、自治体業務の多くは国にコンピュータの運用やデータ処理を委託された民間事業者によって処理され、コンピュータでは処理できない一部の執行機能だけが各地に配置されることになる。

■ 行き過ぎた技術優先がもたらす矛盾

　今後大きく進化するAI／IoTの機能を徹底的に活かし、効率性を第一に考え、無機的に自治体の機能を追求すれば、自治体の業務はここまでコンピュータと民間サービスに代替することができる。しかし、自治体が各地で何をやっているのかを多少なりとも知っている人であれば、こうした将来の自治体像に賛同するこ

とはまずないだろう。

　いかに画像データを取得するためのカメラを含むセンサーが発達しようと、センサーが収集できるデータには限界があるはずだし、センサーのデータをそこまで前面に掲げていいのか、という問題もある。

　日本中の自治体のデータを分析して自治体の為すべき施策や資金配分を推定することはできるかもしれないが、それで地域の特性を反映できるのだろうか。将来の課題を解決するための新たな施策は誰が考えるのか。また、コンピュータに依存し過ぎると、リーマンショックのような経済的ショックや天災に耐えることができなくなるのではないか。

　民間に業務を委ねていくのは世の中の流れであり、IT の重要性が増すこれからの行政運営では、民間の力を借りないと効率的、効果的な自治体運営は難しい。ただし、そのためには、自治体側に官民協働のための機能が存在し、評価や判断ができることがその前提になるのではないか。また、官民協働を民間側に大きくシフトした時には、民間事業者に地域特有の事情や価値観をどのように伝えるのかが問われるのではないか。

　コンピュータの機能を集約することが合理的であるからと言って、自治体の機能の多くをコンピュータに代替させ、コンピュータの機能を国や民間事業者に依存するようになったら自治と言えなくなるのではないだろうか。

　効率優先で AI ／ IoT を導入することへの疑問は次々と湧いてくる。

＊

　コンピュータは民主的な資本主義市場における開発の賜物であったはずだが、何故か AI ／ IoT を過剰なほど徹底的に取り入れた自治体の姿は、民主主義や地方自治本来の姿とかけ離れて見

える。同じような話は他にもある。

　本章でも例示した自動運転の分野で最も大きな問題は人間が運転する自動車や自転車、あるいは歩行者と自動運転車をどのように融合するかである。人間が運転する自動車や自転車、あるいは歩行者は時々交通ルールを逸脱した動きをする。それが事故に至らないように、お互いに上手くやり交わして済ましている。自動運転車を安全に走らせるためには、こうした逸脱を撤廃し、ルールに極めて厳格な社会を作ればよいという話もある。しかし、それは人間の行動の自由を二の次にしたコンピュータ優先の管理社会だ。技術革新が目指してきた、自由で人間中心の社会ではない。

　人間社会には交通分野のようなグレーゾーンが少なからず存在する。それが人間的な社会であり、ルールが大切だということを理解していても、ルールの遵守を100％強要される管理社会を人間は望んでいない。

■ 自治体とは何か

　AI ／ IoT の導入が自治体や地域にとって望ましいものになるためには、こうした人間社会の本性を理解すべきではないのか。そのためには、AI ／ IoT の機能を徹底的に活用しながらも、人間主体の判断、評価、選定等ができる社会を維持することを前提とすべきではないか。その上で、本書における業務プロセスの検討結果や、上述した論文による AI ／ IoT に任せるべき仕事、あるいは代替する仕事を見れば、AI ／ IoT と人間の関係のあるべき方向性が示唆されていることが分かる。

　即ち、基礎データの収集、検索、定型的な問い合わせや処理業務への対応、手のかかるマッチング、計算負荷の重い分析、労力を使う現場作業などをできるだけ AI ／ IoT に任せて、時間に追われ単純業務に忙殺される状況を解消し、住民とのコミュニケー

第5章　AIと行政サービス／自治体 ｜ 171

ション、問題を抱えた人達への支援、柔軟な財務等の運営や計画作り、官民協働のための計画作りや調達、政策評価、といった付加価値の高い業務にできるだけ自治体職員の業務時間を割くのだ。

　住民と地域に向き合い、将来に向けた計画を考え、実務の実行をリードする、という仕事のポジションは行政で仕事をしようとする人達が元来求めて来たものであるはずだ。それを実現し、職員のモチベーションを高め、ひいては地域住民の満足を上げ、スマートな地域づくりを進めよう、という大きな理念がAI／IoTの導入に先立って示されるべきなのだろう。

　単純な業務であっても、慣れ親しんだ仕事から新しい仕事に変わるのは誰にとってもストレスのあるものだ。前述したように、それを少しでも和らげ、円滑な移行を図るのは首長を筆頭とした自治体経営層の役割である。そのために、AI／IoT、自治体、民間事業者が協働した将来の姿を描き、実現に向けたロードマップを少しでも早く描くことが何より大切だ。それを掲げ、職員に呼びかければ、元来地域のための仕事をしたいと思って役所に入ってきた人達なのだから、上述した業務像を必ず前向きに受け止めてくれるはずだ。

　AIの可能性は広い。それで何ができるかを考えることも大切だが、本格的な導入に先立って、それ以上に求められているのは、AIを使って、どんな地域とどんな仕事像を作るかといったビジョンと合意なのである。

著者紹介

井熊　均（いくま　ひとし）

株式会社日本総合研究所　専務執行役員　創発戦略センター所長
1958年東京都生まれ。1981年早稲田大学理工学部機械工学科卒業、1983年
同大学院理工学研究科修了。1983年三菱重工業株式会社入社。1990年株式
会社日本総合研究所入社。1995年株式会社アイエスブイ・ジャパン取締役。
2003年株式会社イーキュービック取締役。2003年早稲田大学大学院公共経
営研究科非常勤講師。2006年株式会社日本総合研究所執行役員。2012年官
民競争入札等監理委員会委員。2014年株式会社日本総合研究所常務執行役員。
2015年中国国家発展改革委員会PPP顧問。2017年株式会社日本総合研究所
専務執行役員。
環境・エネルギー分野でのベンチャービジネス、PFI、中国・東南アジアに
おけるスマートシティ事業の立ち上げなどに関わり、新たな事業スキーム
を提案。公共団体、民間企業に対するアドバイスを実施。公共政策、環境、
エネルギー、農業などの分野で70冊の書籍を刊行するとともに政策提言を
行う。

井上　岳一（いのうえ　たけかず）

株式会社日本総合研究所　創発戦略センター　シニアマネージャー
1969年神奈川県生まれ。1994年東京大学農学部林学科、2000年米国 Yale 大
学大学院修了（経済学修士）。農林水産省林野庁、Cassina IXC を経て、
2003年に日本総合研究所に入社。
2010年から同社創発戦略センターで、「森のように多様で持続可能な社会シ
ステムのデザイン」を目指し、官民双方の水先案内人としてインキュベー
ション活動に従事。現在の注力テーマは次世代モビリティをテコにしたロー
カルエコシステムの再構築。法政大学非常勤講師（生態系デザイン論）。共
著書に『「自動運転」ビジネス勝利の法則』（B&T ブックス、2017年）、
『MaaS』（日経 BP 社、2018年）等がある。

木通　秀樹（きどおし　ひでき）

株式会社日本総合研究所　創発戦略センター　シニアスペシャリスト
1964年生まれ。97年、慶応義塾大学理工学研究科後期博士課程修了（工学博士）。石川島播磨重工業（現 IHI）にてニューラルネットワーク等の知能化システムの技術開発を行い、各種のロボット、環境・エネルギー・バイオなどのプラント、機械等の制御システムを開発。2000年に日本総合研究所に入社。新市場開拓を目指した社会システム構想、国内外でのスマートエネルギーシステムの新事業開発、廃棄物等の環境システム等の PPP 事業、再生可能エネルギー、資源循環、水素等の技術政策の立案等を行う。著書に『大胆予測！　IoT が生み出すモノづくり市場2025』（共著、日刊工業新聞社、2018年）、『IoT が拓く次世代農業—アグリカルチャー 4.0の時代—』（共著、日刊工業新聞社、2016年）、『なぜ、トヨタは700万円で「ミライ」を売ることができたか？』（共著、B&T ブックス、2015年）などがある。

AI 自治体
—— 公務員の仕事と行政サービスはこう変わる！

2018年12月19日　初版発行
2019年3月5日　2刷発行

著　者　　井熊　均・井上岳一・木通秀樹

発行者　　佐久間重嘉

発行所　　学 陽 書 房

〒 102-0072　東京都千代田区飯田橋 1-9-3
営業部／電話 03-3261-1111　FAX 03-5211-3300
編集部／電話 03-3261-1112
振替　00170-4-84240
http://www.gakuyo.co.jp/

ブックデザイン／佐藤　博
DTP 制作・印刷／精文堂印刷
製本／東京美術紙工

©Hitoshi Ikuma, Takekazu Inoue, Hideki Kidooshi 2018, Printed in Japan
ISBN 978-4-313-15095-9 C0034
乱丁・落丁本は、送料小社負担にてお取り替えいたします。

JCOPY 〈出版者著作権管理機構 委託出版物〉
本書の無断複製は著作権法上での例外を除き禁じられています。複製される場合は、そのつど事前
に出版者著作権管理機構（電話03-5244-5088、FAX03-5244-5089、e-mail: info@jcopy.or.jp）
の許諾を得てください。

◎好評既刊◎

AI時代になっても官民協働なくして地域の発展はない！

今ある公共施設等の魅力を高めること、ハード・ソフト事業を問わず官民で知恵を出し合うことが、人口減少が本格化する中、自治体間競争に生き残る切り札となる！

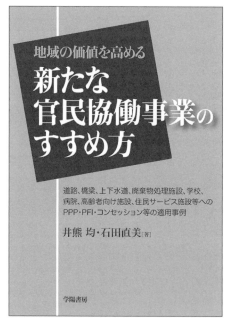

地域の価値を高める
新たな官民協働事業のすすめ方
―― 道路、橋梁、上下水道、廃棄物処理施設、学校、病院、高齢者向け施設、住民サービス施設等へのPPP・PFI・コンセッション等の適用事例

井熊 均・石田直美［著］

A5判ソフトカバー／定価　本体2,700円＋税